伊勢神宮とは何か

日本の神は海からやってきた

植島啓司
写真・松原豊

はじめに

本書は伊勢神宮を中心に、伊勢・志摩の地をくまなく歩き回った記録です。これまで何度伊勢に足を運んだかわからない。そのたびに新しい発見はあるのだけれど、いつまでも頭のなかにもやもやしたものがあって、いっこうに晴れそうにない。それで一念発起して伊勢を徹底的に歩き回ってみたいと思ったのでした。

そもそも伊勢神宮は古来「内宮《ないくう》」（皇大神宮《こうたいじんぐう》）と「外宮《げくう》」（豊受大神宮《とようけだいじんぐう》）とに分かれ、内宮でアマテラス（天照大神《あまてらすおおみかみ》）を祀《まつ》り、外宮では食物の神であるトヨウケ（豊受大神《とようけのおおかみ》）を祀るとされています。しかし、もともとはトヨウケも丹波の地主神《じぬしがみ》であり、大和《やまと》からアマテラスが勧請された後、一緒に祀られるようになったという説が有力です。ともに外来の神というわけです。では、アマテラス・トヨウケがこの地に呼ばれる前に祀られていたのはいかなる神だったのでしょうか。

ご存じの方も多いと思いますが、伊勢神宮には、内宮外宮だけではなく、別宮《べつくう》・摂社・末社・所管社を含めて一二五社あり、それらすべてを総称して伊勢神宮（または単に「神宮」）というのです。どうしてそういうことになったのかというと、伊勢で祀られていた多くの神々が時代を経て次第に神宮に帰属することになってきたからです。

いまでは伊勢神宮は太古の昔から現在に至るまで一貫してこの地で同じように祀られてきたとされていますが、そんなことはありません。伊勢神宮（内宮）の禰宜《ねぎ》を務めた櫻井勝之進（以下、敬称略）をはじめ多くの研究者がその来歴および変遷について語っています。伊勢神宮の創始が七世紀であることはだいたい研究者のあいだでも意見が一致しているようですが、どのような経緯で伊勢にアマテラスという神格が祀られるようになったかという点についていえば、ほとんどわかっていないというのが実情でしょう。

いくつかこれから取り扱う謎を列挙してみましょう。

①垂仁《すいにん》天皇の第四皇女・倭姫命《やまとひめのみこと》が御杖代《みつえしろ》となってアマテラス鎮座の地を求めて大和から伊勢まで歩いた軌跡を「元伊勢」といいますが、『日本書紀』『皇大神宮儀式帳』『倭姫命世記《やまとひめのみことせいき》』に書かれているその足跡は何を物語るのでしょうか。

②なぜ現在の地が選ばれたのでしょうか。

③別宮といっても、そのほとんどは内宮外宮の近く、またはその敷地内にあるのですが、瀧《たき》

原宮《はらのみや》と伊雑宮《いざわのみや》だけは例外的に遠く離れた地に祀られています。そのために「遥宮《とおのみや》」と呼ばれているのですが、なぜこの二つの別宮はほとんど伊勢の地のはずれ（境界線）にあたるところに位置しているのでしょうか。

④二〇一三年に式年遷宮（遷御《せんぎょ》の儀）が行われましたが、この式年遷宮の二十年に一度という約束事にはどのような意味があるのでしょう。

⑤そもそも内宮に祀られているご神体とはどのようなもので、いかなるかたちで保護されているのでしょうか。

⑥さらに、この地で本来祀られていた神、すなわち、地主神、産土神《うぶすながみ》と呼ばれる神はどのような性格を持っていたのでしょうか。一般にはサルタヒコ、アメノウズメがそれに擬せられているようですが、それらの神々は現在どのように祀られているのでしょうか。

⑦伊雑宮はなぜそれほど執拗に「われわれこそが本来の皇大神宮である」と主張してきたのでしょうか。それには何か根拠のようなものがあるのでしょうか。

歩いてみるとわかるのですが、この地の信仰の中心は漁撈《ぎょろう》信仰です。だから、どの神社も河川および海と密接な関係にあります。天照大神もその例外とは思えません。かつては主要な交通路は河川で結ばれていました。倭姫命の移動も含めてこの地の信仰を理解するには水との深いかかわりを無視することはできないでしょう。

本書では以上述べた謎について順に考えていくように構成されています。あまり一般の人には馴染《なじ》みのない場所（聖域）が数多く出てきます。どうか地図（12―13頁）で確認しながらお読みください。ここで最初にその順序について確認しておきたいと思います。

最初に訪ねたのは伊勢の内宮に通じる五十鈴《いすず》川の河口です。とはいっても、現在の五十鈴川の河口ではありません。五十鈴川は一四九八年の明応地震によって大きく流れを変えています。それまでの河口は現在よりずっと東にあたる二見興玉《ふたみおきたま》神社の近くにありました。そこを訪れてから進路を南にとって、ほぼ伊勢神宮の南端に位置する伊雑宮の近辺にある磯部《いそべ》神社、鸚鵡《おうむ》岩、千田寺《ちだじ》跡、佐美長《さみなが》神社を探索します。同時に、五十鈴川を遡《さかのぼ》って内宮よりさらに奥に祀られる鏡岩に至ります。さらに、伊勢の外宮にそって流れる宮川を遡って、その上流に位置する瀧原宮の近辺にある多岐原《たきはら》神社、潮石《うしおいし》、櫻ヶ鼻《さくらがはな》を訪れます。

その次に式年遷宮の仕組みについてその本来のかたちを考察します。そこから、宇治橋の延長線上に位置する五本松神社、月讀宮《つきよみのみや》から五十鈴川を下って、その中流域にある加努弥《かぬみ》神社、朝熊《あさくま》神社、鏡宮《かがみのみや》神社を訪ね歩きます。さらに、この地の地主神、産土神として知られる興玉《おきたまの》神《かみ》を追って、興玉の森から北へと向かい、神服織機殿《かんはとりはたどの》神社、神麻続機殿《かんおみはたどの》神社、阿射加《あざか》神社（大阿坂・小阿坂）を訪ねます。そこから松阪にある修験の聖地である伊勢山上（飯福田寺《いぶたじ》）の断崖絶壁にも挑戦しています。この探究は、北は鈴鹿の椿大神社《つばきおおかみやしろ》から南は五知《ごち》近辺にある猿田彦の森にまでおよびます。

そして、最後に再び伊雑宮に戻って的矢湾をクルージングして、人々の移動の痕跡《こんせき》をたどります。人々が的矢湾《まとやわん》に最初に着いたとき、リアス式海岸の入り江をどのような気持ちで眺めたのか知りたいと思ったからです。

考えてみれば長い行程でした。集中的な調査は二〇〇七年からですが、初めて伊勢の地を踏んでから数えると三十年の月日がたっています。本書を通して、伊勢神宮がどのようにして現在にいたったのか、いかなる変化をこうむってきたのか、ぜひみなさんと一緒に考えてみたいと思っています。ここに列挙した問いに答えることは、伊勢神宮および神道文化の多様性と深みとを再認識していただく機会にもなると思います。

それでは、みなさんと一緒にフィールドワークの旅に出発しましょう。

目次

伊勢神宮とは何か　日本の神は海からやってきた

本文デザイン　アイ・デプト.
撮影協力　神宮司庁／御遷宮対策事務局
図版制作　クリエイティブメッセンジャー

第一章 伊勢神宮フィールドワーク

伊勢近郊図
伊勢湾
小俣
宮川
宮町
伊勢市
山田上口
宇治山田
五十鈴ヶ丘
五十鈴川
参宮線
二見浦
池の浦シーサイド
松下
鳥羽
伊勢二見鳥羽ライン
池の浦
五十鈴川
朝熊
近鉄鳥羽線
伊勢志摩スカイライン
伊勢自動車道
皇大神宮
中之郷
赤崎神社
志摩赤崎
船津
加茂
伊勢市
松尾
白木
鳥羽市
近鉄志摩線
五知
沓掛
伊雑宮
佐美長神社
佐美長御前神社四社
上之郷
志摩磯部
磯部町
的矢湾
穴川
志摩横山
鵜方
志摩市
志摩神明
賢島
許母利神社
荒前神社
粟皇子神社
池の浦シーサイド
池の浦
N
0
5km

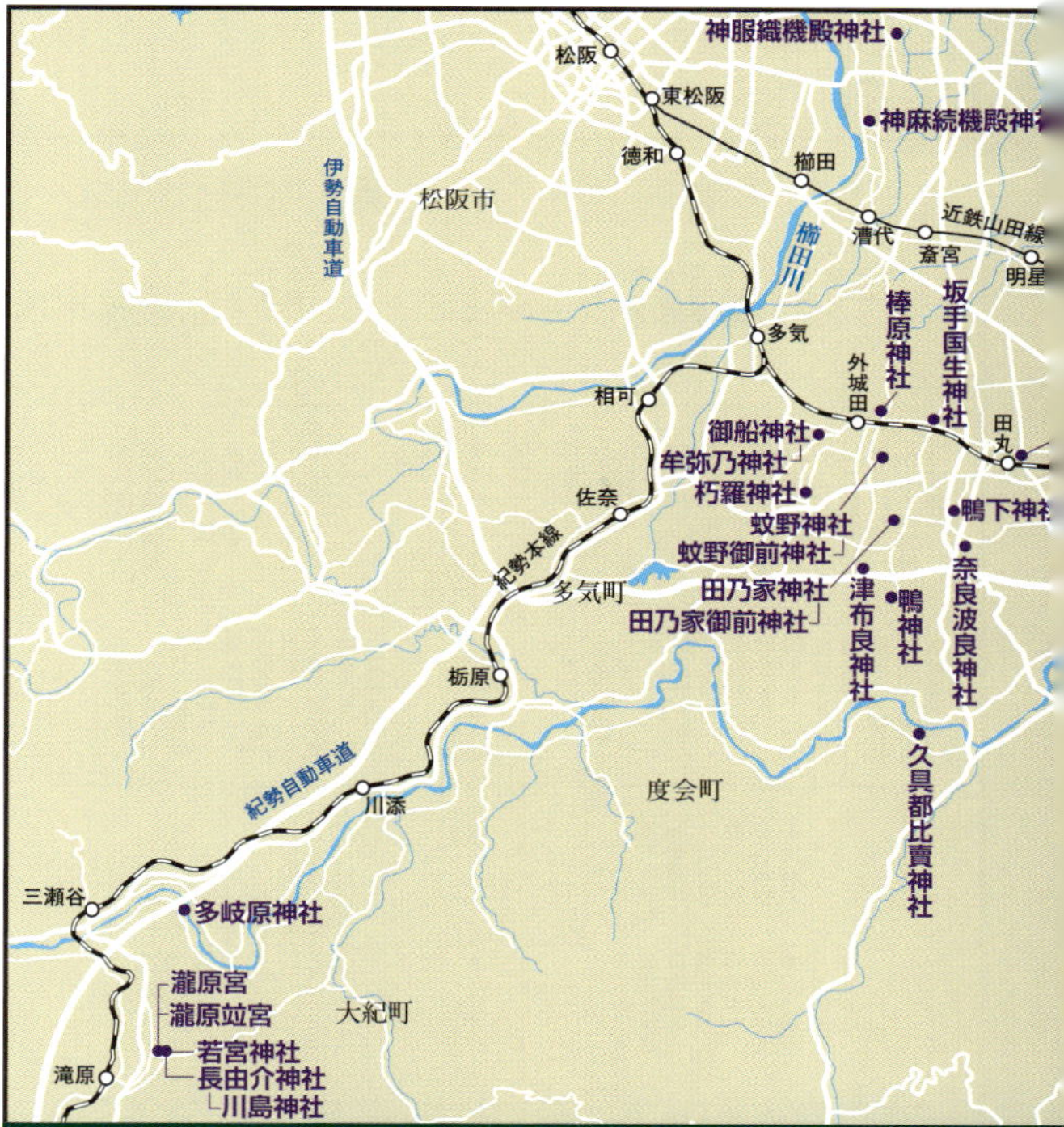
神服織機殿神社
松阪
東松阪
神麻続機殿神社
徳和
櫛田
伊勢自動車道
松阪市
漕代
斎宮
近鉄山田線
明星
櫛田川
棒原神社
坂手国生神社
多気
外城田
相可
御船神社
田丸
牟弥乃神社
朽羅神社
佐奈
蚊野神社
鴨下神社
蚊野御前神社
紀勢本線
奈良波良神社
多気町
田乃家神社
津布良神社
鴨神社
田乃家御前神社
栃原
久具都比賣神社
紀勢自動車道
度会町
川添
三瀬谷
多岐原神社
瀧原宮
瀧原竝宮
大紀町
若宮神社
滝原
長由介神社
川島神社

河原神社
毛理神社
近鉄山田線
宮川
小俣
御食神社
御塩殿神社
五十鈴川
小俣神社
宮川
宇須乃野神社
縣神社
五十鈴ケ丘
堅田神社
江神
山田上口
宮町
二見浦
河原淵神社
草奈伎神社
清野井庭神社
参宮線
朝熊神社
松下
大間国生神社
伊勢市
朝熊御前神社
大津神社
志等美神社
宇治山田
加努弥神社
大土御祖神社
大河内神社
外宮
豊受大神宮
鏡宮神社
宇治乃奴鬼神社
打懸神社
上御井神社
度会大国玉比賣神社
国津御祖神社
伊我理神社
五十鈴川
葦立弖神社
井中神社
朝熊
近鉄鳥羽線
山末神社
月讀宮
月讀荒御魂宮
葭原神社
田上大水神社
伊佐奈岐宮
宇治山田神社
田上大水御前神社
伊佐奈弥宮
那自賣神社
津長神社
饗土橋姫神社
内宮
大水神社
皇大神宮

伊勢神宮125社

正宮

皇大神宮（内宮）

別宮

- 荒祭宮
- 月讀宮
- 月讀荒御魂宮
- 伊佐奈岐宮
- 伊佐奈弥宮
- 瀧原宮
- 瀧原竝宮
- 伊雑宮
- 風日祈宮
- 倭姫宮

摂社

- 朝熊神社
- 朝熊御前神社
- 園相神社二座
- 鴨神社二座
- 田乃家神社
- 田乃家御前神社
- 蚊野神社
- 蚊野御前神社
- 湯田神社二座
- 大土御祖神社
- 国津御祖神社
- 朽羅神社
- 宇治山田神社
- 津長神社
- 堅田神社
- 大水神社
- 江神社
- 神前神社
- 粟皇子神社
- 川原神社
- 久具都比賣神社三座
- 奈良波良神社
- 榛原神社二座
- 御船神社
- 坂手国生神社
- 狭田国生神社
- 多岐原神社

末社

- 鴨下神社
- 津布良神社
- 葭原神社
- 小社神社
- 許母利神社
- 新川神社
- 石井神社
- 宇治乃奴鬼神社
- 加努弥神社
- 川相神社
- 熊淵神社
- 荒前神社
- 那自賣神社
- 葦立弖神社
- 牟弥乃神社
- 鏡宮神社

所管社

- 瀧祭神
- 興玉神
- 宮比神
- 屋乃波比伎神
- 御酒殿神
- 御稲御倉
- 由貴御倉
- 四至神
- 神服織機殿神社
- 神服織機殿神社末社八所
- 神麻続機殿神社
- 神麻続機殿神社末社八所
- 御塩殿神社
- 饗土橋姫神社
- 大山祇神社
- 子安神社

別宮所管社

- 若宮神社
- 長由介神社
- 川島神社

（以上、瀧原宮）

- 佐美長神社
- 佐美長御前神社四社

（以上、伊雑宮）

豊受大神宮（外宮）

別宮

- 多賀宮
- 土宮
- 月夜見宮
- 風宮

摂社

- 草奈伎神社
- 大間国生神社二座
- 度会国御神社
- 度会大国玉比賣神社
- 田上大水神社
- 田上大水御前神社
- 志等美神社
- 大河内神社
- 清野井庭神社
- 高河原神社
- 河原神社
- 河原淵神社
- 山末神社
- 宇須乃野神社
- 御食神社
- 小俣神社

末社

- 伊我理神社
- 縣神社
- 井中神社
- 打懸神社
- 赤崎神社
- 毛理神社
- 大津神社
- 志宝屋神社

所管社

- 御酒殿神
- 四至神
- 上御井神社
- 下御井神社

＊社数は125社だが、同座になっている神もあり、座数は141座となる。

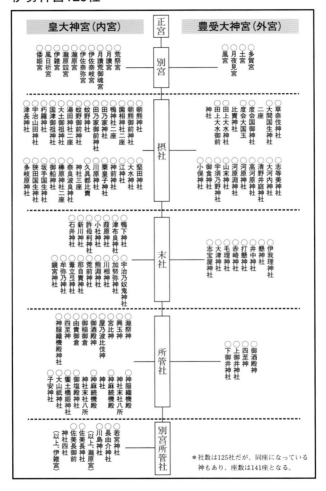

1　筑紫申真『アマテラスの誕生』

いまから四十年以上前のことだが、東大の宗教学研究室で筑紫申真《つくしのぶざね》という著者の『アマテラスの誕生』★1という本を手にとった日のことをいまでもよく憶えている。天照大神をカタカナ表記にしたのも珍しいし、著者が在野の研究者だったことも心を惹《ひ》きつけた。いや、種明かしをすると、すでにこの本は大きな論議を呼んでいたのである。いま手元にある角川新書版の奥付を見ると「昭和四十二年（四版）」とあるから、当時すでに出版されてから五年経過したところだったわけである。『古事記』『日本書紀』については一通り読んではいたけれど、それでもまだ伊勢神宮に出かけたことはなかったので、想像力を大いに刺激されたのだった。

当時、筑紫申真は三重県立鳥羽高校、志摩高校などの教諭をしており、まさに松江に赴任したラフカディオ・ハーンのように、現地を歩いてフィールドワークを重ね、単なる机上の学問とはひと味もふた味もちがった研究を続けていたのだった。当時の自分は、文献を調べて書くだけではどうにも納得ができなかったし、フィールドワークは想像力とある種のセンスさえあれば豊かな世界を開示することができる、そう思っていた。彼の先達である折口信夫《おりくちしのぶ》の研究が、そして、その弟子筋にあたる谷川健一や五来重《ごらいしげる》らの研究がそれを証明している。

朝熊山の八大龍王社から伊勢湾を望む

谷川健一の「志摩の磯部」という短いエッセイの冒頭にも筑紫申真の名が登場してくる。★2

数年前のことに属するが、今は亡き神話学者の筑紫申真氏に案内されて、鳥羽から磯部にかけて歩いたことがある。そのときに筑紫氏が、伊勢神宮の末社や摂社は百数十社あるが、磯部の伊雑宮《いぞうぐう》よりも南には一つもないと言った言葉を、私は耳に留めた。

実際、伊勢神宮一二五社を歩いてみると、伊雑宮《いざわのみや》と瀧原宮《たきはらのみや》だけは伊勢の内宮・外宮からあまりに離れたところにあり、ちょっと特別な意味合いを持った別宮であると思わざるを得なかった。つまり、伊雑宮と瀧原宮は、伊勢神宮そのものが周辺の大小の神社をとりまとめて神宮を形成していく流れとは全く異なる素性を持っているように思えたのだった。谷川健一も同じような感想を抱いたのであろう。先の文章に続けて次のように書いている。

熊野灘から海上を渡ってきた海人族は、地図を開いてみればば直ちにわかるように、まず的矢湾の奥ふかい磯部の地に根を下ろしただろうと思われる。とすれば、伊勢神宮の摂社と末社が磯部の南には見当たらないということは、伊勢神宮の勢力が南下して磯部の地に終

伊雑宮

瀧原宮

わるとみるよりは、磯部を起点として北上したとみるほうが理に叶《かな》っていると私には考えられた。私が問題にしているのはもとより、伊勢神宮が国家神として祀られる以前の地方神の伝播《でんぱ》についてである。

いきなり伊勢神宮がこの世に現れたわけではないのはすでに常識となっている。中央で祀られていたアマテラスが特別な事情で伊勢の地に祀られるようになった次第については『日本書紀』崇神《すじん》、垂仁《すいにん》天皇の条に詳しい。伊勢神宮の成立について論じるには、『日本書紀』『皇大神宮儀式帳』『倭姫命世記』がまず参照されるわけだが、そこには崇神天皇の時代に世の中が乱れたので託宣を求めると、倭大国魂《やまとのおおくにたま》とアマテラスが一緒に祀られているのがよくないということで、倭姫命が御杖代《みつえしろ》となって諸国を歩いてアマテラスを祀る場所を求めたという事情が書かれている。

倭姫命の巡幸についてはとても興味があるけれど、そもそもアマテラスがそれまで宮中で祀られていたという証拠がどこにも見つからないことを勘案すれば、すべてが後につけ加えられたものではないかという疑いは残る。ただ、倭姫命の巡幸地（大和の檜原《ひばら》神社、丹波の籠《この》神社、伊勢の瀧原宮、伊雑宮なども含めて）には大いに関心を持っている。それらがどのように選ばれたのかはっきりした理由はわかっていないが、『日本書紀』編纂《へんさん》時の天武《てんむ》天皇が皇位につくまでに移動した道筋と大きな関係があるというのはおそらく間違いないところだろう。つまり、一般には、このストーリー全体が作り話であって、倭姫命巡幸の話は後代のものであり、斎宮《さいくう》伝承の由来を語るためにつくりだされたという説が有力になってくる。

しかし、もしかしてその逆もあり得るのではないか、と想像してみた。実際にいくつかの聖地を巡り歩いて伊勢にたどり着いたとしたら、そちらのほうがむしろスリリングではなかろうか。それについては谷川健一「旅する女神」に以下のように記載されている。★3「垂仁帝の皇女ヤマトヒメは、トヨスキイリヒメのあとをついでアマテラスを祀ることになったが、この大神をしずめまつる場所をさがして、菟田《うだ》の篠幡《ささはた》に行き、近江国に入り、東の美濃をめぐって、伊勢国に到達した」。彼はもしかしたらそこにはなにがしかの真実が反映されているのではないかと推測する。そして、いよいよそれらの場所にひとつの共通点を見出すのである。結論だけ書くと、それらはもともと特別な場所であって、かねてより女神や女性シャーマンや鎮魂の呪術を持つ巫女《みこ》の存在が知られていたというのである。「ヤマトヒメは、地方の巫女の祀る神々を礼拝しつつその落ちつくところを求めて漂泊し歩いた」のではないかと谷川は推測している。

それについては、松前健《まつまえたけし》も「これは、ある実在人物がそれらの場所を実際に転々と遍歴したという史実を表わすものではなく、後世、各地にあった伊勢神宮の神領や御贄《みにえ》供給の地、あるいは大神の遥拝所、分霊の奉斎所、あるいは太陽崇拝の聖地などをこの伝説的女性に結びつけ、その漂泊譚として語ったものにすぎない」[★4]と書いている。どちらも倭姫命の足跡の地にはそれなりの意味があることを強調している。

こうした姿勢が好ましいのは、どちらも歩きまわってその土地に固有のものを探し求めているからであって、机上の学問ではとても想像できないような収穫へと結びつくことも少なくない。筑紫申真の場合もまったく同じことが言えるだろう。

さらに、ぼくが筑紫の仕事に特に注目したのは、戦後まもなくの時期に『アマテラスの誕生』を書いたのはかなり勇気のいることだったのではないかということである。伊勢神宮については戦前の国家神道の時代を含めてなかなか学問的なアプローチが難しい時期が続いていた。たぶん先陣を切ったのは直木孝次郎「天照大神と伊勢神宮の起源」（一九五一年）、「奈良時代における伊勢神宮」（一九五五年）あたりではなかったか。それによってアマテラスを祀る伊勢神宮は太古から皇室の先祖を祀る神社だったという通説は否定され、少なくとも七世紀までは地

倭姫命巡幸説話対照表

『日本書紀』	『皇大神宮儀式帳』	『倭姫命世記』	
		但波乃吉佐宮	四年
		倭国伊豆加志本宮	八年
		木乃国奈久佐浜宮	三年
		吉備国名方浜宮	四年
		倭弥和乃御室嶺上宮	二年
		（以上豊鋤入姫命巡幸地）	
	宇太乃阿貴宮	宇多ノ秋宮	四年
菟田筱幡	同　佐々波多宮	同　佐々波多宮	
		伊賀国隠市守宮	二年
	伊賀穴穂宮	同　穴穂宮	四年
	同　阿閇柘殖宮	同　敢ノ都美恵宮	二年
		淡海国甲可日雲宮	四年
近江国	淡海坂田宮	同　坂田宮	二年
美濃	美濃伊久良賀宮	美濃国伊久良河宮	四年
		尾張国中嶋宮	四年
伊勢国	伊勢桑名野代宮	伊勢国桑名野代宮	四年
神風伊勢国則常世	鈴鹿小山宮	鈴鹿国奈具波志忍山宮	四年
之浪重浪帰国、傍	壱志藤方片樋宮	阿佐加藤方片樋宮	四年
国可怜国也	飯野高宮	飯野高宮	四年
欲居二此国一也	多気佐々牟江宮	佐々牟江宮	
	玉岐波流礒宮	伊蘇宮	
	宇治家田田上宮	宇治家田田上宮	

横田健一編『日本書紀研究』第11冊（塙書房、1979年）、
真弓常忠『古代の鉄と神々』（学生社、1985年）をもとに作成

倭姫命の巡幸地（カッコ内は現在の推定地）

方神を祀った神社だったことが明らかにされたのである。

筑紫申真が『アマテラスの誕生』を書いた一九六二（昭和三七）年という年もまだ「そんな本を書いたら危険だぞ」と騒がれた時代で、実際、脅迫や怪電話が舞い込んできたりして身辺騒然となったということだった。冒頭の「アマテラスは蛇だ」という一文で拒絶する人も少なくなかったようだが、その筆致は穏やかなようで過激きわまるものだった。とりわけ伊勢の民俗・風習や地政学的な知識を駆使してアマテラスの実体を明らかにするくだりはみごとという他ない。直木孝次郎、上田正昭、谷川健一らに絶賛されたのも理解できる。

そんなわけで、ずいぶん前から筑紫申真、直木孝次郎らの仕事を読んできたにもかかわらず、なぜ伊勢について深く論じることをしなかったかというと、それにはいくつもの理由があった。これまでの伊勢についての議論の大半をひっくり返さなければならなくなることがわかっていたからだった。果たしていまからそんな時間があるだろうか。

2　伊勢・志摩を歩く

夏の終わりに伊勢・志摩を歩いてみた。すでに二〇一三年に入ってから六回目になるけれど、今回は伊勢から鳥羽、志摩へと海岸沿いに車を走らせて、その地理的な位置関係を確認したいと思ったのだった。そして、改めて伊雑宮近辺を歩いてみることにした。まず訪れたのは伊勢神宮内宮の摂社である江《え》神社だった。二《ふた》見興玉《みおきたま》神社のすぐ近くにあって、以前から気になっていながらも訪れるのは今回が初めてだった。なぜ江神社に興味を持ったかというと、筑紫申真『アマテラスの誕生』に次のような一節があったからである。

『儀式帳』を調べてみますと、伊勢神宮に所属している神社の中には、神体がない（形無《みかたなし》）とされているものがたいへんにたくさんあります。有名な観光地の二見の浦のすぐそばに、江というむらがあります。ここには皇大神宮の摂社の江神

江神社

社がありますが、これは「形《みかた》、水に坐《ま》します」と書かれています。

つまり、江神社にはご神体がないとされていたのである。あえてご神体というべきものをあげるならば、水の流れか、または、水そのものを指しているとしか答えようがなかった。江神社という名のとおり、そこは河口に面した小さな社《やしろ》だろうと想像して出かけたのだが、その予想はみごとに裏切られた。そこは田んぼのあぜ道のようにくねくねと曲がった細い道を進んだずっと先にあった。平坦な田んぼからたどり着いたこんもりと繋った森、それが江神社のある場所だった。

伊勢の神社はどれも同じような造りになっ

栄野神社

ている。板塀に囲まれて、社の前には白石が敷かれており、どれも同じでなかなか印象に残りにくい。それが伊勢のやり方だと言われればそれまでだが、どうしてそこまで画一的にしなければならなかったのか。というか、むしろ社（建物）はじゃまだと思って調査をしてきたこちらの立場からすると、それぞれを写真に残してタイトルをつけるのが空しくなる。江神社もその例外ではなかった。

ここで神祭りの場についてちょっと補足しておきたい。人がある場所で神の気配を感じとったとして最初に思ったのは、「そこは尋常な場所ではないので勝手に立ち入ってはいけない」ということだった。そういう意味を含めて、榊《さかき》が立てられ、注連縄《しめなわ》で結界が張られていたにちがいない。いわゆる「神籬《ひもろぎ》」だ。もっとも古いかたちの聖域のしるしがそれで、祭りが終わると一斉に片付けられて通常の何もない場所へと変貌《へんぼう》してしまう。

その場所がある程度恒常化すると「祠《ほこら》」と呼ばれることになる。そこが特別な場所と改めて意識化されるようになってくると、目印としての祠が建てられる。そうなると、もはや聖地は動かすことができなくなる。祠に雨風をしのぐための屋根をつけたりして多少とも家屋のかたちに近づけたものを「社《やしろ》」と呼ぶが、これには別の語源もあって、「杜《もり》」から来るとも言われている。いずれにせよ神社の誕生である。そして、時の権力によってそこが特別な場所として認知されると「宮」と名づけられることになる。伊勢神宮の場合でも同じで、宮というのは権力中枢との密接な結びつきを示している。

なぜこんなことを述べたかというと、伊勢神宮にははじめから立派な建築物があったわけではなく、そこはあくまでも神祭りの場だったということを強調したかったからである。神祭りとその由緒を語る神話とは相互に補完的な関係にある。そこで行われる祭事に意味を与えるのが神話であり、祭りは神話における「始原の時」を再現したものである。このことを理解しないと式年遷宮の意味を取り違えてしまうことにもなる。

江神社のある場所には明らかに他とはちがった空気が流れている。周囲を木々に囲まれており、すっぽりとお椀《わん》に収まりそうな地形。どこからか水の気配が感じられて、その流れをすぐ近くに探したくなる。なんとなく以前に訪れた朝熊神社を彷彿《ほうふつ》とさせるものがあった。朝熊神社は五十鈴川とその支流の分岐する場所にあって、川のほとりというか川にぐっと突き出したこんもりとした樹叢《じゆそう》のなかにあった。その位置関係はよく聖域を探しているときに見かけるものので、ドライブしていてそういう場所を見つけてふと立ち寄ると、必ず社か祠か塚のようなも

朝熊神社

のを発見するのだった。

朝熊神社は内宮から五十鈴川を三キロメートルほど下ったところにある。ちょうど対岸には鏡《かがみのみや》宮神社があって、ともに内宮の摂社末社として祀られている。鏡宮神社はいまでは五十鈴川に沈んだり浮かんで見えたりしている小さく囲まれた磐座《いわくら》をご神体としている。よほど気をつけないと見逃してしまうほど小さな神社ではあるけれど、後にも触れるが、その存在意義は決して小さくない。

江神社で朝熊神社のことを思い出したのは決して間違いではなかった。調べてみると、そこはいまの五十鈴川に流れが変わる前の本来の五十鈴川の河口にあたる場所で、倭姫命が遡ったのはおそらくこの地からではなかったかと想像される。つまり、江神社は、アマテラスの御杖代となり、よい宮地を求めて旅し、伊勢の地を安住の地と決めた倭姫命が、御塩浜《みしおはま》から船で五十鈴川の入り江に着き、佐見津日子命《さみつひこのみこと》に迎えられたという伝承の地なのである。入っていくとダッダッダッという機械の音が聞こえてくる。すぐ近くに住んでいてこの神社の世話をしているという六十代くらいの男性が神社の清掃を行っていたのである。無口なその男性は、撮影はしないという条件で、社殿の床下が見えるように扉を少し開けてくれた。そこにはやや粗末には見えるものの、他とも共通するように神の御膳に捧《ささ》げる素焼きの土器とそれをとりまく細

い枝木が置かれていた。

人間が手を加えたものはすべてどうでもいいようなものだ。ただ、ここにはよくわからないが特別な気配が残されている。そのことを頼りに森から出ると、やはり周囲一帯が昔は川か泥地だったように思えてくる。すると、その対岸にあたる場所を確かめてみたくなる。きっと何かあるにちがいない。いったん車に引き返して、踏切を渡って向こう側に少し進むと、予想どおりそこにも小さい神社があった。表の石碑に栄野《えいの》神社と書かれている。おそらくこれは「江の神社」から来たものであろう。江神社とちょうど対になっているわけだ。ただし、こちらの神社については内宮外宮との関連は見つからない。現在、栄野神社は二見興玉神社の摂社扱いになっているが、いったい江神

五十鈴川

社と栄野神社はもともとどういう関係にあったのだろうか。

栄野神社に入ってみると、そこではいまでも湯《ゆ》立《だて》神事が行われていると書かれている。熱湯をクマザサの葉でお参りに来た人々に振りかけて、来たるべき年の無病息災を祈るものである。こうした湯立神事についてはかつて奥三河をはじめとして日本中で調査したことがあるのだが、もっとも古い芸能のかたちであると言っていいだろう。なるほど、両神社の関係がおぼろげながらも見えてきた。こちらはもともと土地の氏神を祀った神社であり、江神社は伊勢神宮の支配下に属する神社で、それらが五十鈴川の河口の両岸に分かれて祀られているというわけなのだった。宗教学者にとってはなじみ深いことであるが、中央からの征服

王朝の神と地方でもともと祀られていた土地の神とは、往々にしてこうしたかたちで共存することになる。

もちろん、あくまでも一般論になるけれど、中央の神が別の地域で祀られるようになるにはいくつかの段階があって、いきなり中央の神が遷座されるというようなことはなく、まずはその土地の神を祀り、改めてその神を従えるかたちで合祀《ごうし》するか同一化するという手順を踏むことが多い。また、土地の神を村落中心部から外した場所に祀って、中央の神を村落の中心部に祀るというやり方をとることもある。いずれにせよキリスト教やイスラム教（イスラーム）のように、その土地の信仰を根こそぎ破壊しようとすることはない。むしろ、その土地の神、氏神、産土神《うぶすながみ》を自分たちの守り神として崇拝することによって、中央の勢力は自らの権力基盤を強化することに成功してきたのである。

伊勢神宮とてその例外ではない。この地にはもとから信仰されていた神々がいて、それらを習合するかたちで伊勢神宮一二五社が形成されていったと考えるのは理にかなったことであろう。古くはそうした組み換えがあったにしても、土地の神（地主神）の痕跡はいろいろなところに現れる。伊勢神宮の場合はきわめてソフィスティケートされており、土地の神も神宮の領域内に含みこまれて区別がつかなくなってしまっているが、それでも風宮《かぜのみや》とか土宮《つちのみや》とか興玉神とかその痕跡を見つけることは難しいことではない。そのあたりの事情についてはまた後に詳しく述べてみたい。

注

1筑紫申真『アマテラスの誕生』角川新書、一九六二年。

2谷川健一「志摩の磯部」『古代史ノオト』『谷川健一著作集』第四巻所収、三一書房、一九八一年。

3谷川健一「旅する女神」、前掲『古代史ノオト』。

4松前健「皇大神宮・豊受大神宮」谷川健一編『日本の神々―神社と聖地』第六巻、白水社、一九八六年。

第二章 志摩の磯部へ

1　磯部神社旧宮地

江神社の周囲を見た後でわれわれが向かったのは朝熊山《あさまやま》の金剛證寺《こんごうしょうじ》だった。室町以降、伊勢神宮の鬼門を守る寺とされるようになり、「お伊勢参らば朝熊をかけよ、朝熊かけねば片参り」と謡われるほどになったのはご存じのとおり。この朝熊山にある八大龍王社からの眺めは特別だ（16―17頁写真）。うすい靄《もや》のなかに霞む山々に囲まれた伊勢湾の島々が見えてくる。多くの入り江によって分けられた伊勢湾の全景、答志島《とうしじま》、菅島《すがしま》、坂手島《さかてじま》などの美しい島々が見えてくる。遠くには渥美《あつみ》半島の伊良湖岬《いらごみさき》まで見渡せる。そこはもう東海地方の海で、よく晴れた日には富士山まで見えることもあるという。しかも、その地は大和から真東、北緯三四・五度の同緯度にある。太陽を拝する地であり、その先にはもう海しかない。この地がアマテラスを祀るにふさわしいとされた理由はそんなところにあったのかもしれない。

金剛證寺を見てからわれわれはそのまま南へと向かった。次の目的地は志摩一の宮とされる伊射波《いざわ》神社、通称「かぶらこさん」だった。しかし、この時期マムシが多くて今回は難しいというので、そちらは一一月の調査で改めて訪ねることにした。伊射波神社は鳥羽の安楽島《あらしま》にあって、鳥居が海に向かって立てられており、漁撈民のための神社であることは明らかだった。

伊射波神社

もともと伊雑宮《いざわのみや》と伊射波神社は名前がよく似ていることもあって、おそらく瀧原宮《たきはらのみや》と多岐原《たきはら》神社の関係に近いものと見当をつけてはいたものの、なかなか行く機会に恵まれなかった。なることはなるし、ならないことはならない。

そのまま志摩を南下して向かった先は志摩市歴史民俗資料館だった。暑さにぐったりしながら到着すると、すでに磯部神社の宮司さんが館長とともに待っていてくれた。館長の崎川由美子さんにはこれまでにも幾度か調査に協力していただいていたが、宮司の山路太三氏とお会いするのは初めてのことだった。磯部神社と言ってもピンとこない人が多いのではないかと思う。磯部に分布する郷内各村の神社を明治期に正月殿社の跡地に合祀したのが磯部神社で、このあたり一帯の惣社《そうじゃ》とも言うべき神社である。

なぜ磯部神社に興味を持ったかというと、このあたり一帯はもともと伊雑宮と密接な関係にあり、かつてはその摂社末社のごとく多くの神社（社《やしろ》、祠《ほこら》、磐座《いわくら》、神籬《ひもろぎ》、塚など）が密集していたことがわかっているからである。それらはその土地の氏神・産土神《うぶすながみ》を祀ったもので、志摩一帯の古い信仰の痕跡がそこに表れていると言っていいものだった。すでにこれまでにも伊勢・五知周辺の土地を探索したことがあり、権現熊野《ごんげんくまの》神社、新宮熊野神社、本宮熊野神社の跡地に踏み入ったこともあった（47頁写真）。いまやかつての姿はほとんど失われつつある。それらをなんとか記録しようと試みていたのが今回お会いした磯部神社宮司の山路太三氏であった。以前、志摩市立磯部郷土資料館の階段部分に展示してあったその旧宮地一覧を見て、かすかに心のどこかが疼《うず》いたのがこの地に興味を抱くようになるきっかけだった。

そもそも度会《わたらい》氏（外宮禰宜《ねぎ》）、宇治土公《うじとこ》氏（大内人《おおうちびと》）らが、いずれももとは磯部氏と呼ばれていたのは、この地の漁民を統括する土豪であったからであろう。ワタライの「ワタ」は朝鮮語の"pata"すなわち海から来ているとされ、お互いに船で海を渡りあうことから「ワタライ」になったとも言われている。志摩の磯部から出発した度会（海人族）の信仰は、まず櫛田《くしだ》川のほとりに移動し、のちに宮川や五十鈴川のほとりに定着していった。そういうわけで、度会郡は磯部の勢力下にあり、律令政府がその土着神の祠（外宮）のかたわらに皇祖神《こうそしん》の神祠《しんし》（内宮）をおいたのは、磯部の民の人心掌握のためだったのではなかったか、と水野祐は推測している。★1

まず磯部神社に立ち寄り、宮司さんから「磯部神社略誌」をいただく。それによると、「磯部の地は伊雑宮ご鎮座の地にして、伊雑神戸《かんべ》の郷としてその関係はなはだ密接にして郷内各村々に大小の神社はあたかも伊雑宮の摂末社のごとく、歴代伊雑宮神人等によってその氏神産土神として奉祀せられ、造営にあたりても伊雑宮並びに大歳社（佐美長神社）の古殿を拝領して、その造修を営んできたものである」とある。しかし、明治末期に至って神社合祀の方針に従わ

御田植式

され、それらすべての神社は現在の磯部神社（正月殿社跡地）に移転合祀されることになる。

次頁の写真は伊勢神宮よりずっと南に位置する磯部神社旧宮地に残る磐座、神籬、祠の一例である。いまではほとんど姿を消しつつあるが、それら土地の神・産土神があってこそ伊勢・志摩の信仰のもっとも古いかたちが偲《しの》ばれることになる。宮司には、七十以上もある候補地から染殿《そめどの》社、山神社（下之郷）、谷ノ神社（上之郷《かみのごう》）、鯛《たい》の谷（山田）などを事前に伝えておいたのだが、宮司はそれらに加えてまずは磯部町恵利原《えりはら》にある鸚鵡《おうむ》岩に出向きましょうと提案してくれた。フィールドワークというものは予定外のところに大きな収穫があるもので、だいたい横道にそれたほうがいい結果を生むことになる。

実際、鸚鵡岩は（すでに有名だったが）なかなか興味深いところだった。そこには巨岩があって、そこで叫ぶと谷の下でこだまして聞こえるというので鸚鵡岩というらしい。では、岩のところでなにか叫んでもらって、それを聞いてみようと下に降りてみると、ちょうど谷底にあたるところに拍子木がおいてある小屋「語り場」がある。どうやら逆らしい。下から拍子木を打ち、向こうの反応を聞く。それはともかく、谷底にあたる場所から見ると鸚鵡岩は孤立した岩ではなく、巨大な岩壁の一部だということがよくわかる。そのスケールの大きさが忘れがたい

機織姫社

染殿社

権現熊野神社

山神社

新宮熊野神社

谷ノ神社

磯部神社宮司・山路太三氏撮影

鸚鵡岩（磯部）

印象を与える。

それを見てもらうために同行の人たちにもこちらに来てもらうことにする。そして、そこからすぐ横にある道を上がっていくと、なんとその上のやや曲がったところに「聞き場」を発見する。つまり、こういうことらしい。鸚鵡岩、語り場（拍子木の小屋）、聞き場とちょうど三角形の頂点にあたる場所にあって、下で拍子木を打つと、それが鸚鵡岩ではねかえって、聞き場では岩が発したように聞こえてくるという仕掛けなのだった。そこはブラインドになっており、谷底が見えないのに音がよく響いて聞こえるというトリック。もちろん本来はそんなことのためにあるのではなく、そこもおそらく修験の信仰の地であったわけだが（鸚鵡岩の前には鳥居と祠が置かれている）、それにしても鸚鵡岩とはよく名づけたものである。

それから、上之郷の谷ノ神社に向かう。そこもちょっとわかりにくいところにあって、なかなか気づきにくいかもしれないが、そんなに山奥というわけではなくちょっとした脇道《わきみち》を進んだところにある。谷ノ神社は神籬の跡がかすかに認められるものの、もはや原形をとどめないほど荒廃している。比較的大きめの磐座に注連縄が巻いてあるのに気づかなければ、そこがかつての信仰の対象だったとは考えられないだろう。しかし、そっけなければないほどむしろこちらの興味はつのるばかり。

谷ノ神社に比べれば、下之郷の山神社はかなりきちんとした神籬のかたちを残している。ご神体のやどる磐座が正面にあって、その手前に塩が撒《ま》かれている。あたりには蟬《せみ》の声が響きわたっている。祠のようなものは見当たらないが、これほどしっかりとした神籬のかたちは他ではなかなか見つからない。月讀宮《つきよみのみや》の近くにある興玉の森を思い起こさせられた。

さらに海際にある飯浜の機織姫《はたおりひめ》社を訪ねる。ここは周囲の整地の影響を受けてもはや原形をとどめていない。おそらく背後の一段高い場所にあったものをこちらに移したのだろうが、祠もブロックで仮ごしらえしたもので、その前に小さな鳥居が置かれている。かなり粗末な印象で、かつての様子を想像するのは難しい。

伊射波登美《いざわとみの》（富）命《みこと》を祀ったという染殿社に着いたころはすでに疲労困憊《こんぱい》となっていたが、そこはもっとも興味深い場所だった。道端に丸く小石を積んであり、その下にかなり傷んだ祠がある。ここでも蟬の声が響きわたっている。時折チュン、チュンという鳥の声も聞こえる。まるで別世界だ。伊射波登美命とはアマテラスが伊勢神宮（内宮）に鎮座された折に尽力した伊勢の氏族として広く崇敬の対象となっており、大歳神《おおとしのかみ》として佐美長神社に祀られることになったのもこの神だ。伊射波神社にも祀られている。

もともと伊雑宮は『延喜式』や『皇大神宮儀式帳』ではアマテラスの遥宮《とおのみや》と書かれている

ものの、『倭姫命世記』には磯部氏の祖先とされる伊射波登美命と玉柱屋姫命《たまはしらやひめのみこと》の二座を祀ると記されている。玉柱屋姫命について、筑紫申真は次のように説明している。

玉柱屋姫は、アマテラスのカミ妻（棚機つ女《たなばたつめ》）であったのでしょう（この神社の付近には、七夕《たなばた》伝説にちなんだ神社や岩があります）。元来、玉姫とは、カミのたましいのよりつく日の妻《ひめ》、という意味ですが、玉柱屋姫ということになると、この玉姫は柱屋、つまり柱によりついた男ガミをまつっていた日の妻であった、ということになります。

つまり、この場合アマテラスは男神として考えられているわけで、玉柱屋姫にこそ女神アマテラスの面影が反映していることになる。ただ、「伊雑宮の祭神の玉柱屋姫は、太陽神アマテラスのカミ妻たる巫女で、柱によりついたアマテラスをまつっていた」となると、伊雑宮の神田に立つ柱は御田植式のときに「翳《さしば》」（大団扇）がつけられる単なる柱ではなく、もっと大きな意味を持つことになる。

この柱はあきらかに忌み柱であるといわなければなりません。皇大神宮の心の御柱や、賀茂の「御蔭木《みあれぎ》」にあたる柱です。

伊雑宮では江戸時代になって「先代旧事本紀大成経事件」が起きて、伊勢神宮との訴訟に敗れてしまい、伊勢神宮別宮との裁定が下され今日に至っているわけだが、この地の染殿社、山神社、谷ノ神社、鯛の谷などを調べていくと、伊勢神宮本体が形成されていくプロセスのようなものがおぼろげながら見えてくるように思えてならない。そう思いつつも、その日のわれわれの調査はいったん終了することになったのだった。

2 「アマテラスの他に神はいますか」

さて、伊勢神宮について論じるのに、どうして伊勢ではなく志摩の磯部について長々と書いてきたかというと、それも理由のないことではない。伊勢神宮についてその本来の姿を知るにはどうしても伊雑宮およびその周辺の地を無視できない事情がある。そのひとつが『日本書紀』神功《じんぐう》皇后の条にある神功皇后神がかりの記事である。ここでは要約して示しておきたい。

斎宮《さいくう》に籠《こも》った皇后に「アマテラスの他に神はいますか」と聞くと、「幡《はた》すすき穂に出《で》し吾《われ》や、尾田《をだ》の吾田節《あがたふし》の淡郡《あはのこほり》におる神あり」と託宣が下されるシーン。この託宣をどう解釈すべきか。

上之郷村の絵地図〈江戸後期頃〉

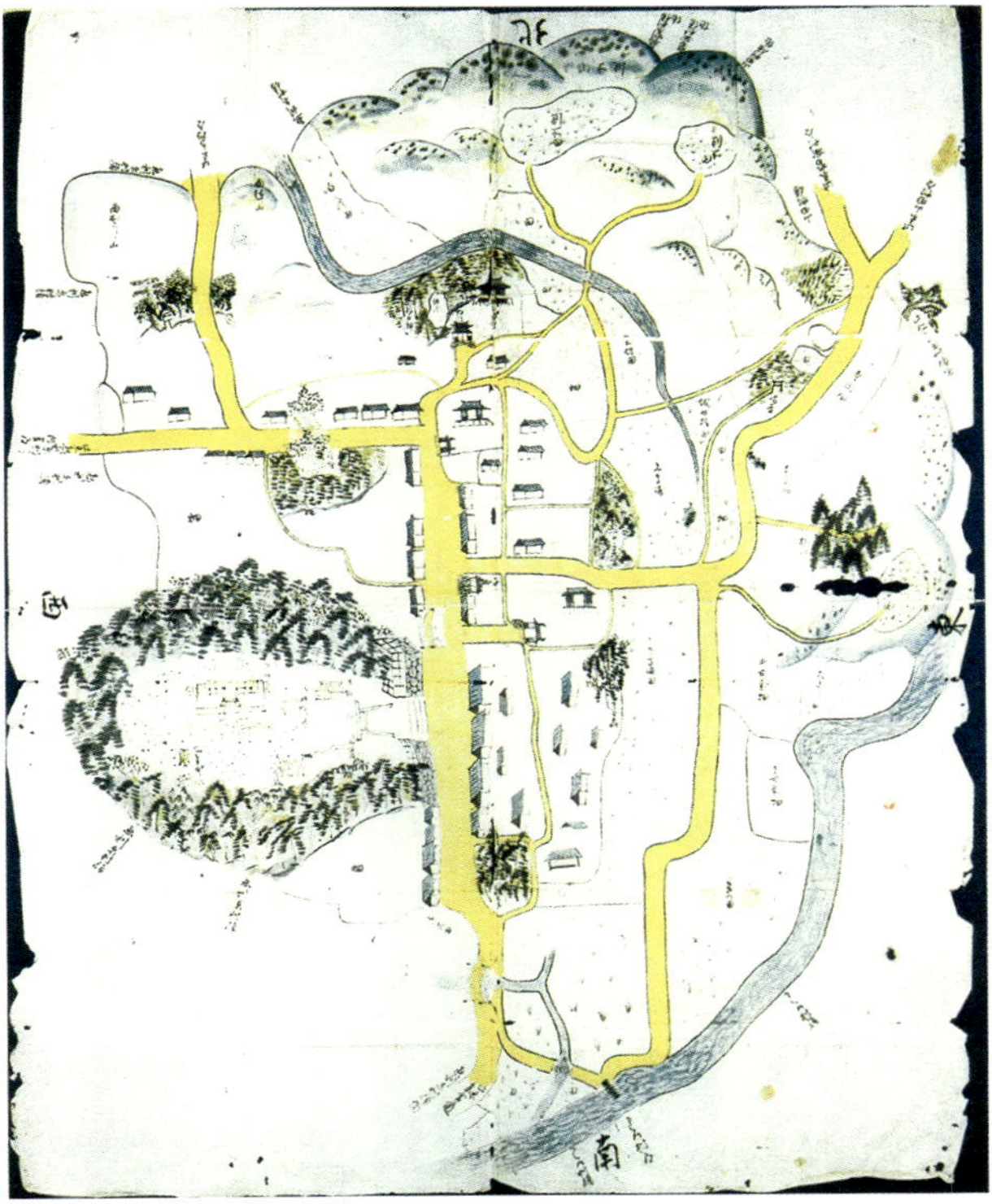

中央左の大きな森が伊雑宮、中央上部の小さな繁みが千田寺。

磯部はむかしは志摩国答志《とうし》郡伊雑郷と呼ばれていた。「田節」はおそらく「答志」のことであり、「淡郡」は伊雑宮のある場所を「粟島」と呼ぶことに結びつく。さらに、伴信友《ばんのぶとも》は、「尾田」はもともと「千田《ちだ》」であったものが「乎田《おだ》」と誤って伝えられ、それが「尾田」になったのだと説明している。[★2] この千田という地名はいまも磯部の上之郷に残っている。

さっそく現在は廃寺となっている千田寺跡を訪ねてみた。そこは伊雑宮からそれほど離れていない場所にあって、その沿革に「千田寺は上之郷村にあり、聖武天皇の天平年代（七二九―七四九）に行基によって開かれ、聖徳太子自刻七歳の像がある」と書かれている。その由緒は八世紀まで遡る。寺の西側に「千田ノ御池」があり、いまはほとんど水もなく凹地《くぼち》になっており注連縄がはりめぐらされている。おそらくここが『倭姫命世記』にある穂落とし伝説の池であったのだろう。鳥羽藩の事情を書いた葦田省甫《あしだしょうほ》の『志陽略誌』（一七一三年）にも千田寺の寺号の由来として紹介されている。[★3]

また、摂政元年二月条では、神功皇后が務古水門《むこのみなと》に来たとき、アマテラス（大ヒルメ）と稚日女尊（ワカヒルメ）が現れて、アマテラスの荒魂《あらみたま》と稚日女尊を祀れと託宣している。稚日女尊とは、内宮の遥宮・伊雑宮の神のことである。ここでも伊雑宮の神がクローズアップされて

千田寺

伊雑宮の森

くる。

なぜこのようにしてアマテラスとならんで伊雑宮の神がしばしば問題となってくるのか。それも近世に書かれたものであれば根拠のないものとして一笑に付すこともできるが、『日本書紀』神功皇后の条に出てくるとなると、そう簡単に無視するわけにはいかないだろう。もちろん後に勃発する「先代旧事本紀大成経事件」へとつながる道筋には大いに疑問を感じるところもあるが、神宮側が、伊勢ではなくひとつだけポツンと離れた志摩の伊雑宮を別宮として遇していることにはそれだけの理由がなければならない。いつかその謎を解くカギは見つかるだろうか。

注

1水野祐『古代社会と浦島伝説』雄山閣、一九七五年。松本清張『古代探求』文藝春秋、一九七四年。
2谷川健一「志摩の磯部」、前掲『古代史ノオト』。
3『磯部町史』下巻第六編「宗教」五三六―五三七頁、一九九七年。

第三章　水の神

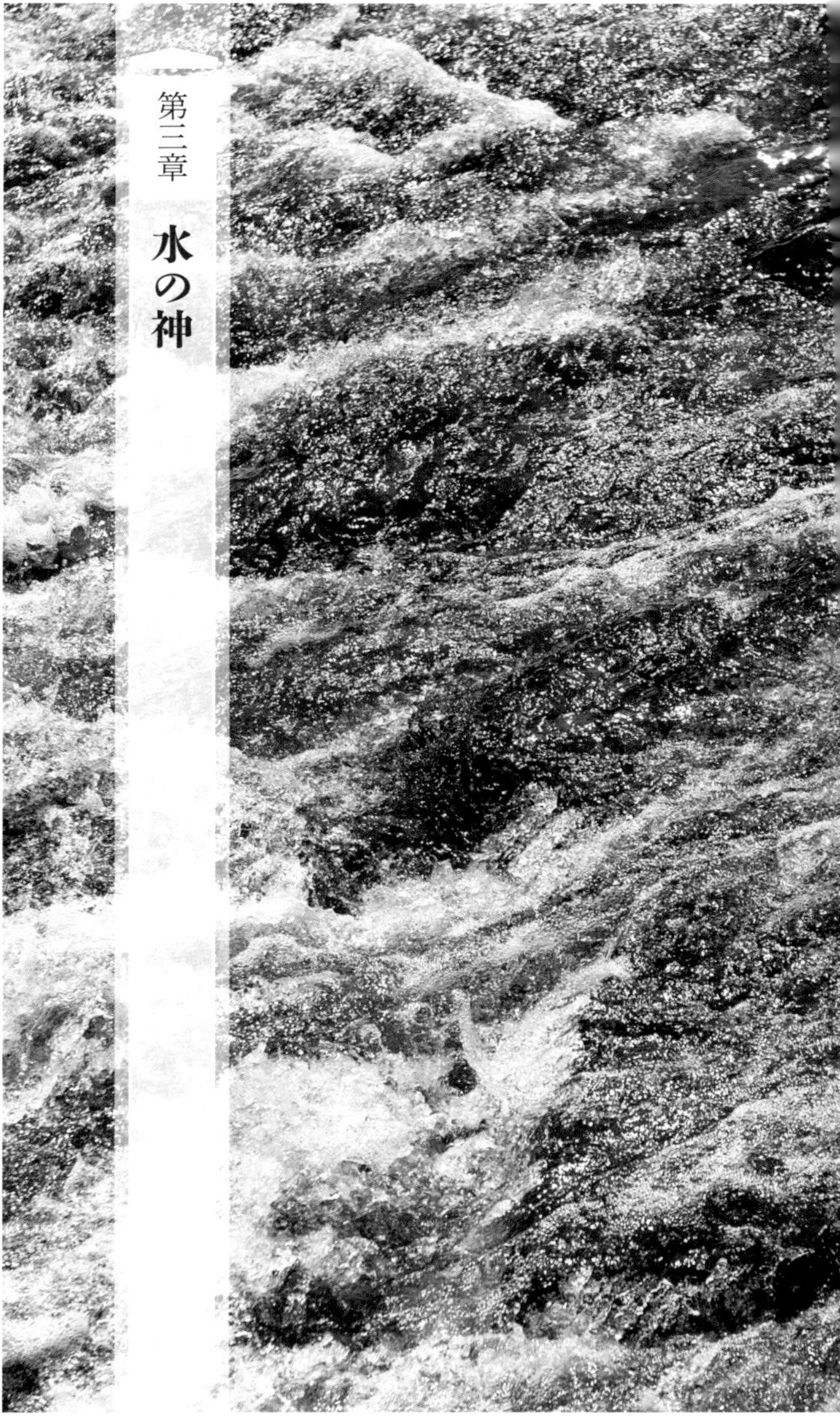

1　伊勢参宮名所図会

ここに一枚の絵図がある。それは「内宮宮　中圖《ないくうきゆうちゆうのず》」であり、『伊勢参宮名所図会《いせさんぐうめいしよずえ》』★1に含まれている一枚だ。よく知られているように伊勢神宮は、当時から現在のような姿であったのではなく、古代においては私的参拝が禁じられており、後に御師《おし》らが登場して代参が認められるようになり、室町時代以降、伊勢講による一般の人々の参宮へと広まっていったのである。さらに、江戸時代に入ると「おかげまいり」などで年間数百万人の人々がお伊勢参りに訪れるようになる。

この『伊勢参宮名所図会』は一七九七（寛政九）年に出版されたもので、江戸時代の参宮の様子から街道沿いの詳しい描写に至るまで、いまでは貴重な資料となっている。当時の人々もこれを見て想像をふくらませたにちがいない。

なかでも「内宮宮中圖」は式年遷宮の際の内宮の様子が描かれているのでとりわけ興味深い。わずか二百年ちょっと前のことであるにもかかわらず、当時の遷宮と今日の遷宮とでは大きな違いが見てとれる。もっとも驚かされるのは、一般の参拝者が古殿地に自由に出入りしている点で、その大らかさはいまとは比べようもない。

さらに興味を引くのは、正殿《しょうでん》の正面に参道を隔てて御贄調舎《みにえちょうしゃ》が置かれていて、そこで鮑《あわび》を調理して神に捧げる行事が行われている点であろう。そこにはいまは見ることができないが豊《とよ》受大神《うけのおおかみ》の神座とされる磐座《いわくら》が祀られているという。別名「石神」とも呼ばれ、石の神座に豊受大神を迎えて鮑を調理するのである。かつては五十鈴川の中州に祭場を設《しつら》えて行われていたというから、それこそ川の流れを通じて海とのつながりが強調されていたわけである。『伊勢参宮名所図会』をよく見ると、一般の参拝者が五十鈴川まで下りて参拝している様子も見てとれる。そんな様子がほのぼのと描かれている。

さらに正殿の東側には末社遥拝所《ようはいじょ》というべき一角があって、人々は同時に末社めぐりを済ませることができたのだった。一六四九（慶安二）年の内宮図にも「末社めぐり」が描かれており、当時かなりポピュラーだったことがうかがえる。建築評論家の川添登氏が「テーマパークの観を呈していた」★2と述べたのも的を射ている。どれもこれも参拝者にやさしい造りになっていたのである。お伊勢参りはただ厳粛な神事というばかりではなく、さまざまなかたちで人々を楽しませてくれたのだった。しかし、いま現在そこは立ち入り禁止となっている。

いまは内宮外宮だけが人を集め、それ以外の摂社末社に足を運ぶ人の数など微々たるものだ。別宮でさえも、つまり、月讀宮《つきよみのみや》、瀧原宮《たきはらのみや》、伊雑宮《いざわのみや》などを訪れる人の数でさえ、ずいぶんと

内宮宮中圖
五十鈴川

内宮宮中圖

限られている。伊勢神宮といえば域内一二五社を指すにもかかわらず、一千万人以上の人々はひたすら内宮を目指し、おかげ横丁で飲み食いし、ちょっと外宮にも寄って帰る、というのが一般の人々の認識だろう。ましてや鳥羽や志摩にまで足を運ぶという人は本当に少ないのではないか。

そんなふうになったことについてはある程度仕方がないことかもしれないが、内宮そのものにしても必要以上に参拝者を遠ざけるのは明らかにおかしい。「昔とは違う」し、「変な人がいたずらするかもしれない」ので、「警備の必要から」そうせざるを得ないと言う人もいるが、本当にそうだろうか。何重にも板垣や外玉垣《とのたまがき》の囲いを増やし、参拝後も古殿地のほうに進めなくしたりすることの意味はいったい何なのか。かつてのように牛が正宮《しょうぐう》の中にまで入って榊《さかき》をむしゃむしゃ食べてしまったというエピソードがかえってなつかしく感じられる。

さて、現在の伊勢神宮（内宮）を歩いてみて感じることだが、「内宮宮中圖」を見たせいもあるのだろうが、どうしても全体に不自然な感が否めない。なぜ宇治橋がいまのところにかかっているのか。冬至の太陽がちょうどその真上にのぼるとか言われているが、そんなことは内宮全体とは何のかかわりもない。かつては宇治橋を渡ったところに人々が住む家並みがあったことも知られているが、いまでは味気ない芝生が広がっている。

この『伊勢参宮名所図会』を見てみると、当時はいまとまったく様子が違っているのがわかる。現在では、宇治橋を渡ってから右に進み、大きく左にカーブしながら神楽殿《かぐらでん》の前を通り、正殿に向かうのにまたさらに左に曲がるというようになっている。さすがに不自然に思えてこないだろうか。当時のように、正殿の真ん前に一の鳥居、二の鳥居が一直線上にあって、御贄調舎を経て五十鈴川につながる姿こそ本来のものであると考えたくなる（正宮から下の御裳濯川《みもすそ》へと続く）。なにしろ正殿の前を流れる川を御裳濯川と呼んだのも、倭姫命がそこを渡って鎮座地に入るときに御裳が濡れた故事から来ているわけで、かつては現在のような禊場《みそぎば》（御手洗場《みたらし》）が設えてあったのではなく、熊野本宮大社に入るときに「濡れわらじの入堂」といって音無川を歩いて渡ったように、川を渡ることによって自然と禊が行われるということだったのではなかったか。ましてや手水舎《てみずしゃ》のようなものはごく近世になって作られたものであり、何もかも昔からあると思ったら大間違いなのである。

そもそも皇大神宮の御手洗場とされている場所はもともと五十鈴川の「水の神」を祀ったところで、いまは瀧祭神《たきまつりのかみ》という小さな祠《ほこら》があって、なかには磐座《いわくら》が祀られているのだが、おそらくそれは眼に見えない祭場の目印になっていたのではないかと思われる。いずれにせよ、そうした祭場は五十鈴川にそって点々とあったのである。元の河口に近いところには江神社があり、川の分岐点には朝熊神社・鏡宮《かがみのみや》神社があり、皇大神宮の敷地内には瀧祭神があり、その上流には鏡岩が鎮座しているというたように、水の神を祀った場所こそがかの地の本来の信仰のかたちだったのではなかろうか。その様子は大和における長谷寺《はせ》と瀧蔵社《たきのくら》との関係や、室生寺《むろう》と室生龍穴との関係を思い浮かべていただければおわかりになるだろう。

たとえば、長谷寺の信仰の源泉をたどっていくと、この地では初瀬川《はつせ》の存在がもっとも

瀧祭神

重要で、その発端は水の神を祀る霊場だったという過去にたどり着く。泊瀬《はつせ》（初瀬）という地はもともと聖なる場所で、『日本書紀』天武三年の条にも「泊瀬の斎宮より伊勢神宮に向《もう》でたまふ」という表現があるように、もともと禊の場であって、人々はここで身を清めてから伊勢に向かったのである。『古事記』の次の歌からも、そういうニュアンスが感じとれよう。

隠国《こもりく》の　泊瀬の川の　上つ瀬に　斎杙《いくひ》を打ち　下つ瀬に　真杙《まくひ》を打ち　斎杙には　鏡を掛け　真杙には　真玉を掛け……

（泊瀬の川の上流の瀬には浄めた杭を打ち、下流の瀬には太い杭を打ち、浄めた杭には鏡を掛け、太い杭には宝玉を掛け、そうやって神を祀る）

こうしたことからも、初瀬川の重要性は、とにかくある種の水にかかわる祭式が背景にあるものと考えられよう。★3

すなわち、内宮はなによりも五十鈴川とのつながりが強調されるべきであるし、外宮は宮川と密接に結びついている。そもそも倭姫命の移動もそのほとんどが水路によっていたものと想像されるわけで、それゆえに、今回の調査も五十鈴川旧河口に位置する江神社から始められたのである。五十鈴川は一四九八（明応七）年の明応地震によって流れが変わり、いまの地形に変化したわけだが、それ以前は江神社がある場所こそ本来の河口だったと考えられている。

2　五十鈴川上流へ

さて、それでは内宮の正面を通過した五十鈴川を遡るといったいどこにつながってくるのだろうか。皇學館大学でも教鞭《きょうべん》をとる前田憲司さんに聞いてみると、次のような返信があった。

「自室の書棚を見ていて、何気に明治三十五年発行の文藝倶楽部『名古屋と伊勢』★4を手にとって眺めていましたところ、そのなかに『神都の名勝』というページがあり、そこに五十鈴川上流の『小嵐峡《しょうらんけい》』の記事が載っていました。そこには奇岩が多く、とりわけ鏡岩神社以下の記述が興味を惹きました。ただし、鏡岩神社はその後の合祀政策で宇治神社に合祀されていて、現在、旧社地がどこにあってどんな状況なのかわかりません。少し調べてみたいと思います」

ご丁寧にも『名古屋と伊勢』のコピーまで送っていただいた。これで行きたくならないようならどうかしている。前田さんのいう「鏡岩神社」は、かつて正式には「鏡石社」と呼ばれていたのであるが、現在では一般に「鏡石」ではなく、「鏡岩」と呼ばれている。ここでは随時使い分けてみたい。

すぐに手はずを整えて、五十鈴川上流に向かうことにした。折しも式年遷宮の騒ぎがピークに近い二〇一三年一一月初めのことだった。一〇月二日の遷御の儀は終わったが、なおも人出はいっこうに減りそうにない。いつまでも待っているわけにはいかない。一一月に入るや否や一路内宮を目指すことになった。もちろん混雑時の内宮に入るわけではない。内宮の手前には長い車の列が続いており、まだ一〇時半を過ぎたばかりだというのに一二〇分待ちのボードが出ている。

　ぼくらはそこを真っ直《す》ぐに通り抜けて、五十鈴川に沿った道に入る。そんなところに入る車はなく、大型の観光バスの間をぬうようにして、ぼくらは木《こ》洩《も》れ陽《び》がさしこむ狭い道

五十鈴川

を五十鈴川上流めがけて進んでいく。そういえば、以前に宇治神社を訪れたときにも、内宮の駐車場の近くにこんな神社があるとは誰も気づかないだろうと思ったものだった。ここは近くの氏神を祀ったところで、伊勢神宮とはまた別系列の神社なのだった。今回は宇治神社に寄っても何も収穫は得られないとわかっていたのだが、目的地の鏡石社がそこに合祀されているということは多少とも記憶にとどめておいたほうがいいかもしれない。

　陽射しが眩《まぶ》しい。道の両側は緑がいっぱいに生い茂っており、気持ちのいい一日だった。左の崖下《がけした》に五十鈴川のせせらぎの音を聞きながら、車はしばらく五十鈴川にそって走った。道は高麗広《こうらいびろ》という小さな村落へと続いている。一一時、対岸に鮑岩《あわびいわ》があると思われるところでいったん停車する。向こう岸にあって、歩いては行けないところだったので、対岸から眺めてみたいと思ったのだ。近くでは湧《わ》き水をペットボトルに詰めて持ち帰るためにせっせと集めている男性がいる。五十鈴川までかなり急な崖になっているが、そこを下りる。足元は前日の雨で濡れた枯れ草でやや滑る感じ。

　そこらじゅうに大きな石がごろごろしている。滑ったはずみで二、三歩ずり落ちて、左ひざを石にぶつけてとまる。やや出血あり。しかし、そんなことがあってもかまわず水際まで下りる。その一帯だけ巨石が集まっていて、どれが鮑岩かわからない。それらしきものを撮影しながら、こちら側の岩場を歩いて移動する。水音が高く響きわたっていて気持ちがいい。鮑岩を撮影するにはこうするしかなかったのだが、おかげで五十鈴川の変化をいくらか身体で感じることができた。上流では、二ヵ所だけ川の流れが急になっているところがあり、そこには大きな岩がひしめくように景色をふさいでいるのだった。そのひとつがこの鮑岩のところで、もうひとつが目的地でもある鏡岩のあるところだった。

水際まで下りてみて五十鈴川の冷たい透明な水に触れ、この流れが内宮の御手洗に続くのかと思うと、さらに上流を目指したくなる。それにしても水音が大きく響きわたっている。仙人下橋を通過して、いよいよ川を渡って、神宮林の側に入る。そこはたしかに神宮林なのだが、細い小道は公道とのことで歩くのは別にかまわないということだった。途中にかなり不安定な木を何本か束ねた橋があり、帰りはそこを歩いて渡ってみたのだが、行きは注意して沢をちょっと下ってやりすごすことになった。細い道を延々と歩いていく。下には木の葉が降り積もっていてちょうどいいクッションのようになっている。神宮林の奥のほうには植林されたのか整った木々が見え隠れする。

ちょうど一二時。道の左側にやや広がった空き地が見えてきて、まるで祭場のように見えたので、そこが目的の鏡岩が祀られている場所だとわかる。かなり大きい。下は五十鈴川の河原

五十鈴川上流

につながっていて、高さはおよそ一〇メートルあるかないかだが、その位置関係からしてかなり大きく見える。

「神都の名勝」によれば、「境内人蹤《じんしょう》稀れに、鳥迹《ちょうせき》深く、何となく神寂《かみさび》わたる趣《おもむき》が得もいわれないが、此辺《このへん》は昔仙客《せんかく》が、碁を囲むだ遺蹟が在るという程で、樹古く蘇苔《せんたい》滑らかに、左は巨人の斧もて削りし如き断崖に、右は雲梯《うんてい》の山で境幽《きょうかすか》に景致《けいち》凡ならず、松韻鳥語《しょういんちょうご》塵外《じんがい》の状ありて、其上地《そのうえ》が宮域に接して居るので、一種崇高の感念《かんねん》が起《おこ》る★5」と書かれている。多少大げさな表現もあるけれど、この地でもっともすばらしい場所だと絶賛しているわけである。

　鏡岩の上には小さな祠が置かれているのだが、近くの人がそこに置いて宇治神社の宮司にお祓《はら》いをしてもらったとかで、ちょっと邪魔な感じがしないでもない。『伊勢参宮名所図会』には「清浄明白、誠に磨ける鏡のごとし、故に山鏡といふ」とある。かつてはそうだったのかもしれないが、いまはそんなに目立った特徴があるようにも思えない。ただ、直接陽光が射すとそれまでのごつごつとした岩がまばゆく光る。川の流れは鮑岩のあたりほど急ではなく、水も透明にきらきらと輝いている。ここは明治の合祀令までは伊勢神宮と関わりの深い社だったのが、由緒不明ということで摂社末社からはずされたとも聞いている。いったんそうなると、もはや誰も見向きもしなくなるし、いずれ忘れられる運命にあるといえよう。

そういえば、近隣の人が「この鏡岩の上には、神宮の末社とされる新川社と鏡石社が祀られていたが、明治期の神宮の改革で、新川社は内宮近くの津長神社（摂社）に、鏡石社は宇治神社に同座する形となった」と書いており[★6]、おそらくそれに間違いはなさそうだ。多くの岩に名称がつけられ、かつてはお参りに来る人も多かったようだが、いまや見る影もない。

奇《く》しくも、五十鈴川の途中にも鏡宮神社があったけれど、そちらにはいくつか伝承が残されている。『小朝熊社弁正記』によると、「石の上に古鏡あり。円規損ぜず。鏡の下に一小蛇《しょうだ》ありて以て蟠屈《ばんくつ》して自から守護の状をなす」とのことで、かつては石の上に古鏡が置かれており、その下にはまるでそれを守護するかのように蛇がひそんでいたと記述されている[★7]。こちらの鏡石社となんらかの関係があるのだろうか。それはともかく、この五十鈴川上流の鏡石社にしても、中流の鏡宮神社にしても、内宮にひそかに眠る山口祭の磐座にしても、興玉の森にしても、それから、次に触れる潮石《うしおいし》にしてもそうなのだが、プリミティブで神聖な空気が支配する場所は、いつしか伊勢神宮の神域から巧みに除外されていくような気がしてならない。ただ、一一月の陽光を反射して、鏡岩が対岸の一ヵ所を照らし出しているような錯覚に陥って、人知れずそのあたりを歩き回ってしまった。

鏡岩

3　瀧原宮と潮石

さて、『伊勢参宮名所図会』の五十鈴川の様子に興味を引かれ、さらに上流を目指して鏡岩までたどり着いたわけだが、そうなると、今度は瀧原宮の近くにも同じような場所が見つかるのではないかと思えてきた。こちらは五十鈴川ではなく宮川の上流に位置している。われながら子どもっぽい発想だと思ったが、以前にもそうやってさまざまな聖域で磐座を見つけた経緯がある。つまり、これは筑紫申真も指摘していることだが、宇治はもともと五十鈴川の「川のカミ」を祀る祭場だったわけで、これは度会《わたらい》郡の宮川上流の瀧原のあたりで「川のカミ」が祀られているのとパラレルな関係にあったと考えていいということになる。★8 そういう意味では、宮川上流の大内山川や頓登《とんど》川にそって大瀧、男《お》瀧、女《め》瀧などという滝が四十八もあるというのも改めて再調査する必要があるかもしれない。本来、「瀧」というのはいまでいう滝だけではなく、川の流れが急になった場所を指すことも多い。かつては視覚よりも聴覚で物事を判断していた名残りともいえよう。

そうなってくると、こちらでは上流の三瀬谷《みせだに》あたりを探ることになるのだろうか。それとも他にどこかめぼしい場所が見つかるのか。以前、瀧原宮の大きさを実感するためにちょうど裏

瀧原宮

潮石

にあたる場所まで車を走らせたことがある。森の東側のはずれまで車で行って、川のほとりに立ってみると、巨石が散乱していて、まさに五十鈴川の上流とよく似た光景が見られたものだった。五十鈴川上流にも二ヵ所流れが急になっていて巨石が連なるところがあると書いたが、どうも宮川の上流と五十鈴川の上流とのあいだにはよく似た共通の感じがあるように思えてならない。浅瀬を渡って対岸に行けば、もっといろいろわかるかもしれないと思ったが、そこはすでに瀧原宮の敷地内の神宮林だったので入るのをあきらめざるを得なかった。それでも、こうした場所があることが素直にうれしい。まるで太古から何も変わっていないようだ。このすばらしく感動的な場所をみんなに見てもらいたいという気持ちと、誰にも知らせず、ひっそりとその姿を見守っていきたいという気持ちが心のなかで交錯する。

瀧原宮に着いたのは午後一時ころだった。瀧原宮はインターを降りてすぐのところにある。すっかり秋の気配がただよっている。陽射しは強いけれど、森の中に入るとかなり気持ちがいい。参道の雰囲気がすばらしく、空気が変わるとはこういうことをいうのだろう。やはりここは特別な場所なのだという気がしてくる。

瀧原宮については、宮川上流にあって、たくさんの瀑布《ばくふ》と急流に恵まれ、自然景観の変化の妙を得たところとして知られている。瀧原宮の周辺を何度か歩いてみたのだが、この広大な森林地帯はおそらく神宮林にも負けない規模だと思えるし、筑紫申真も「これはたしかに、天皇家によって計画的に設営されたものにちがいない」という感じを抱いたと記している。たしかに社殿の敷地は小さいが、社殿のスケールを最小限にして、広大な森をそのまま残すという、古くからの神社のあるべき姿がそのまま生きているような気がする。社殿などがだらだらと数多く分布しているようなところにはありがたみは感じられない。

瀧原宮は国道42号線に面しているのだが、正面の鳥居の前にかかる橋は、かつては太鼓橋で、清浄者と不浄者とは別々の橋を渡らなければならなかったと伝えられる。一の鳥居をくぐると、そこから杉木立が続いており、なんとも荘厳な雰囲気に包まれることになる。観光バスとかち合うことさえなければ、いつ来ても人影が少なくてゆっくりくつろぐことができる。

こちらにはすでに何度も訪れているので、参拝もそこそこに退出して、すぐ先にある岩瀧《いわたき》神社まで下りてみた。ここにもあまり人が訪れることはないのだが、こういうところに何気ない土地の氏神とか磐座を祀った神社がひっそりとあるというのがうれしい。

とにかく、そのあたり一帯の地図を手に入れてもらって、しばらく眺めてみることにした。瀧原宮は度会郡大紀町《たいきちょう》に属するのだが、そこだけ多気郡にぴょこんと飛び出した一画になっていて、気のせいかそのあたりがどこか特別な地でもあるかのような扱いになっている。しかも、その一画には瀧原宮のみならず、多岐原《たきはら》神社（御瀬社《みせのやしろ》）、岩瀧神社をはじめとして数多くの信仰の地が分布しているのがわかる。そこを流れるのは宮川の支流にあたる大内山川で、その川が宮川と合流する地点にまず向かってみることにした。瀧原宮を大内山川にそって六キロメートルほど下ると大内山川と宮川が出合う場所（船木）に出るが、その渓谷突端に倭姫命の上陸地点である「櫻ヶ鼻《さくらがはな》」がある。『伊勢國風土記逸文』によると、「倭姫命、船に乗りて度會の上河《かみつかわ》に上りまして、瀧原の神の宮を定めたまひき」とあり、倭姫命は宮川を遡ってここにやってきて、瀧原宮を建てたという。★9 鎮座地は伊勢と志摩との国境にあって、熊野街道が西南より伊勢に入る関門となっており、地政学的にも信仰の面でも重要な位置を占めていたのではないかと思われる。

瀧原宮が皇大神宮の遥宮《とおのみや》として、内宮外宮につぐ格式をもっているというのは、当然のことながら、伊雑宮と並んでそこが特別な地であることを強調していることになる。『倭姫命世記』によれば、天照大神の御杖代《みつえしろ》である倭姫命は、尾張より北伊勢に入り、南伊勢に遷幸された折、三瀬谷（瀧原宮より八キロメートルほど下流にあたる）にて土地の神である真奈胡神《まなごのかみ》がこれ

多岐原神社

真奈胡の御瀬

を奉迎されたことに拠っている。倭姫命は後にそこを離れ、「七保の山々を遥々と越えさせ給い、一之瀬村和比野の地に出て」、ふたたび宮川を下り、五十鈴川の河口を遡って現在の宮地に鎮座されることになる。

しばらく櫻ヶ鼻の周辺を歩いてから、この日の見どころのひとつである多岐原神社に向かう。アプローチがいい。ゆったりした下り坂を歩いていくと、すっぽりと木々につつまれた一画に出る。着く直前に大雨に襲われたが、ちょっと待っただけですぐに止む。多岐原神社は宮川本流の右岸で大紀町三瀬川に鎮座しており、水早い瀬のあたりを「真奈胡の御《み》瀬《せ》」と呼んでいるとおり、祭神は真奈胡神で、その地の氏神を祀った神社である。小さい神社ではあるけれど、その立地は好ましく、なにか特別な感

瀧原宮

じを与えてくれる。三瀬の渡し場に下りる道があるので、歩いて進んでいくとすぐに宮川が目に入ってくる。もちろんいまは渡し場そのものもなくなっており、かつてそこで起こった倭姫命と真奈胡神のあいだの出来事を思い起こす人もほとんどいない。

ぼくらは瀧原宮に戻ってから、あまり期待することなく、潮石、女瀧、大瀧といった地名のある旧瀧原道にそった道を歩いてみる。瀧原宮にそって潮石という旧跡があるのは来る前から知っていたが、すぐにはそれとわからない。正確な地図もない。しばらく川沿いを歩きながら探してまわる。そして、いよいよたどり着いてみると、それはみごとな形状の巨石だった。石から木々が育って繁茂している。そそり立つ丘陵の入り口には鳥居があり、潮石の下には小さな祠が祀られていて、土地の人々は山の神の拝み所としているとのことである。しかし、山の神を祀るのに、なぜこれを潮石と名づけたのか。

ここにも倭姫命巡幸の伝承が残されている。石碑を読むと、「天照大神御遷行之旧跡」とある。その背後に祝詞《のりと》山の細い登り口が見えているのだが、そこも倭姫命の山路遷幸の聖地として受け継がれてきているという。もちろん、それを示すはっきりした根拠は見つからないのだが、このあたり一帯の地名には信仰の気配が色濃く反映されている。何もなかったはずはない。それにしても、なぜ「潮石」なのか。こちらにも海の気配がそれとなく漂っているような気がするのは、ぼくの思い過ごしだろうか。フィールドワークというものは正解のないものだ。どんなことでも自分の目で見たものは、どこかで心のなかによみがえり、いつかはそれが成果として現れることになる。無意味なことなど何ひとつないのだ。伊勢神宮の原始は漁撈信仰である、その思いを秘めたまま、ぼくはさらに海への関心を強めていったのだった。

注

1『伊勢参宮名所図会』「内宮宮中圖」寛政九（一七九七）年、蔀関月編・画、秋里湘夕撰。

2川添登『木と水の建築　伊勢神宮』筑摩書房、二〇一〇年。

3西郷信綱『古代人と夢』平凡社、一九七二年。

4『名古屋と伊勢』文藝倶楽部定期増刊、博文館、一九〇二年。

5同。多少かな遣いを改めた。

6これは近隣の人が書いたブログの一節だが、『伊勢参宮名所図会』には、鏡石社と石登宇《いしとう》社の二社が祀られていたと書かれている。

7『小朝熊社弁正記』延宝五（一六七七）年写本。ただしここでは清水潔「朝熊神社」、前掲『日本の神々―神社と聖地』第六巻を参照。

8筑紫申真、前掲『アマテラスの誕生』。

9秋本吉郎校注「伊勢國風土記逸文」『風土記』岩波書店、一九五八年。

第四章 遷宮という仕組み

皇大神宮【内宮】

神宮司庁
神宮茶室
宇治橋
五十鈴川
子安神社
大山祇神社
神苑
参集殿
手水舎
外御厩
行在所・斎館
第一鳥居
別宮
荒祭宮
御手洗場
内御厩
由貴御倉
御酒殿
神楽殿
外幣殿
滝祭神
第二鳥居
五丈殿
忌火屋殿
御稲御倉
正殿
古殿地
皇大神宮
(内宮)正宮
御贄調舎
別宮
風日祈宮

豊受大神宮【外宮】
至 JR・近鉄
伊勢市駅
北御門口御橋
手水舎
北御門口鳥居
御厩
御酒殿
忌火屋殿
第一鳥居口御橋
正殿
古殿地
行在所・斎館
せんぐう館
五丈殿
手水舎
神楽殿
豊受大神宮
(外宮)正宮
九丈殿
第一鳥居
第二鳥居
舞台
勾玉池
別宮
土宮
別宮
風宮
別宮
多賀宮

1　遷宮という仕組み

ここで二〇一三（平成二五）年の式年遷宮についてちょっと触れておきたい。その年は二十年に一度という伊勢神宮の遷宮の年を迎えたわけで、いつになく世間の注目を浴びており、お参りに訪れる人々も年内一千万人どころか、年末までに一千三百万人を超えるという人出が予想されたのだった。実際、二〇一三年秋以降は時には歩くこともままならないほどの混雑が続いた。いったいこの現象にはどういう背景があるのだろうか。おそらく想像するに東日本大震災、近隣諸国との相次ぐトラブル、経済的・社会的な見通しの悪さなどがあいまって、もっと日本という国の基本に戻って考えてみたいという風潮が高まっていたからではないか。何がこの国とか社会を支えているのかもっとよく知りたいという願望の表れだったのかもしれない。

では、式年遷宮とはいったい何か。一般的には、一定の年数を決めて新殿を建立し、ご神体を旧殿からそちらに遷すという行事全体を指していると理解すればいいだろう。伊勢神宮の場合、正宮のみならず別宮・摂社から宇治橋に至るまで新たに造り改められ、すべての神宝・調度品などもみな新調されるということで、莫大《ばくだい》な費用がかかるということもあり、これまでに

式年遷宮（内宮）

式年遷宮（内宮）

も賛否両論があった。ところが、今回は費用五百億円を超えるのに、あまり批判の声が聞かれないのは右記のような空気が支配的であることが関係しているのかもしれない（神宮の建築資材などが巧みにリサイクルに回されていることも理解されつつあるようだ）。

出雲大社をはじめとする他の神社でも式年造営は行われてきたが、それほど大がかりなものではなく、一部を修理したりすることでまかなわれてきており、仮殿に一時的に遷座させたご神体を本殿に戻すことによって目的は果たされてきたのだった。そういう意味では伊勢神宮の遷宮だけは世界でも類のない制度と言う

昭和四年度御遷宮絵巻「遷御」（画：高取稚成　所蔵：神宮徴古館）

ことができるであろう。

式年遷宮が行われる理由については諸説あるが、薗《その》田稔《だみのる》・橋本政宣編『神道史大辞典』（吉川弘文館、二〇〇四年）には多くの説が取り上げられている。その代表的なものとしては、木造建築の耐用年数、建築技術や神宝作りの匠の技術の伝承、「常若《とこわか》」の思想などが挙げられよう。

それぞれについて検証してみると、社殿の多くは木造建築のため二十年も経つと耐久力を失うというのが従来よく唱えられてきた説だが、さすがに一部に損傷が出てきたりすることはあっても、たかが二十年くらいでは造替の必要は生じないことがわかっている。建築技術や匠の技術の継承というのも、現代のようにスピードアップされた時代ならばすぐに過去の技術が失われるということもあるだろうが、いまから一千年も前の時代においてはその程度の年月など問題にもならなかっただろう。さらに、「常若」という考え方、つまり、神さまはつねに新しく清浄な場所を好み、新しい社殿によってさらに大きな力を発揮できるという考え方もすんなりとは受け取れない。なんでもつねにピカピカが望ましいとでも言うようなもので、人によっては誤解を生みかねない。つまり、どれも一見納得できそうだが遷宮の本質に届いていないように思えるのである。

むしろ、遷宮においてもっとも重要なのは（いかなる宗教儀礼においても言えることだが）、始まりの時に戻って、すべてが生まれくる原初の行為を繰り返すことなのではなかろうか。時間の経過によって衰えたエネルギーを回復するという点にこそ遷宮の本質を見つけなければならない。伊勢神宮の場合、それを支えているのは古代中国の暦における「朔旦冬至《さくたんとうじ》」という考え方で、陰暦一一月朔日《ついたち》と冬至が十九年七ヵ月に一度重なることを祝ったのがその起源ではなかったかと思う。始まりの時が二重に重なるその時こそ物事が改めて開始されることを祝う唯一無二の機会だったのではなかろうか。

宗教学者はよく「死と再生の儀礼」とか「始原への回帰」とか表現するのだけれど、日本人

式年遷宮（内宮）

にとって繰り返しとか反復ということは物事を考えるうえでの生命線ではなかったかと思う。西洋では、古代バビロニア以来の占星術が天文学や星占いのようなかたちで発展してきたけれど、東方に伝わって中国から日本にまでやってくると、それは暦法としてまとめられることになる。ここで問題となるのは「時の繰り返し」「反復」ということであった。

明治以前の日本にもっとも大きな影響を与え続けてきたのは大陸の文化であり思想であったことを忘れてはならない。いまや漢文よりも英語を学ぶ必要ばかりが叫ばれるようになったが、もっと深いところで大陸の影響はわれわれの生活の隅々にまで及んでいる。

たとえば、それは「永遠」という概念の理

式年遷宮（内宮）

解の仕方にもかかわってくる。西欧では石造りの荘重で厳粛なゴシック建築のようなかたちで「永遠」をつかまえようとするが、日本では（永遠の）「繰り返し」ということが大きな意味を持ってくる。『方丈記』の冒頭に「行《ゆ》く川のながれは絶えずして」とあるように、川の水は絶えず変わるけれども流れは変わらないという発想。われわれにとって大事なのは「流れ」のほうであり、そのようにして万物が繰り返されるということに価値を置くのである。そのことを式年遷宮は目に見えるかたちで気づかせてくれるのではないか。一千年以上にもわたって繰り返し行われてきたという「永遠」。伊勢神宮を歩くたびにそんなことを改めて感じさせられるのである。

二〇一三年の一〇月に行われた「遷御の儀」についてもちょっと触れておきたい。その年はテレビ中継されたり、NHKで大々的に取り上げられたりして特に注目を集めたわけだけれど、実際、ご神体が遷される遷御の儀ほど神秘的で謎めいた儀礼は他にはないかもしれない。漆黒の闇のなかを白い絹のベール（絹垣《きんがい》）に包まれたご神体が新社殿へと運び込まれる様子はまさに式年遷宮のクライマックスにふさわしいものだった。

ここで式年遷宮全体についてもう一度まとめてみたいと思う。それは大きく分けて次の五つ

式年遷宮（内宮）

の行事から成る祭事とされてきた。それが行われる日時も形式も毎年行われている神嘗祭《かんなめさい》と同じだということは、遷宮そのものが特別な儀礼であるというより、二十年に一度の規模で行われる大神嘗祭として理解したほうがわかりやすいかもしれない。その順序は古儀によると以下のとおりである。

①心御柱《しんのみはしら》奉建
②新しい社殿の造営
③神宝・装束などの献進
④遷御の儀
⑤由貴大御饌《ゆきのおおみけ》

そう、それは心御柱を立てることから始まって由貴大御饌で終わるという一連の祭事プロセスを持っていたのである。★1 なにより心御柱を立てなければ、社殿の位置も決まらなければ、すべての祭事も動き出さないということに注目してほしい。そして、社殿の造営が終わり、神宝や装束が新たにされて、ようやく遷御の儀（内宮は一〇月二日、外宮は一〇月五日）が行われるという次第である。式年遷宮とは何年もかけて準備される祭事でそうそう簡単には進まない。遷御の儀が終わるとようやく由貴大御饌ということになる。では、由貴大御饌とはいったいどのようなものなのか。

由貴大御饌の詳しいプロセスについては煩瑣《はんさ》を避けるために省略するが、要するに三節祭の折に神前に新穀を供える神事ということである。宇治（現在の伊勢市楠部町《くすべちょう》）の神田で稔《みの》った稲は酒作物忌父《さかとくのものいみのちち》によって神域内の御稲御倉《みしねのみくら》に奉納される。「この御倉から抜穂《ぬいぼ》を下げることを御稲奉下《ごとうほうげ》と今もよんでいる。これも前夜から参籠潔斎した神職の奉仕である。上代では禰宜《ねぎ》と大内人らの四人が大物忌とその父とを引きつれて」奉仕し、かつては「正宮と荒祭宮および滝祭の三所の由貴の大御饌にあてることになっていた」という[★2]。

ここで逆に重要なのは、正宮、荒祭宮《あらまつりのみや》、瀧祭神《たきまつりのかみ》の三所が同列に取り扱われている点であろう。つまり、式年遷宮がなによりまず祭事であることを考慮に入れるとすれば、内宮における主要な祭事が執り行われていたのは、正宮は別格として「祭」の字がつく二ヵ所だったということになる。それらはどのような場所だったのかはまた後に述べることにして、いかなる宗教儀礼も最後はコミュニオン（神と食事をともにする）で幕を閉じるということになる。

ただ、われわれにとってなにより興味を引かれるのは、やはり心御柱の建立がいかにして行

荒祭宮

われるのかということであり、それがもつ意味を問うことではないかと思われる。それについて触れる前に時計の針を四十年ばかり昔に戻すことをお許し願いたい。

2　松前健『日本の神々』

一九七七（昭和五二）年のことである。当時ぼくはシカゴ大学に留学していた。ある日、シカゴ大学大学院でのゼミ発表を直前にひかえて、後見人たるジョゼフ・M・キタガワ学部長から呼び出しを受けた。日本から著名な神話学者である松前健氏ご夫妻がやってくるので丁重におもてなしするようにとのことだった。それまでにも日本からの訪問者の世話役をまかされており、柳田國男三女の三千さん（故堀一郎氏夫人）をエリアーデの家にお連れしたこともあるし、その他多くの先生方のお世話をしたことがあった。しかし、今回はちょっと勝手がちがっていて、ついでにぼくのゼミ発表を聴いてみたいという要望が告げられたのだった。

もちろん松前健（以下敬称略）の名は同じ神話学を専攻する者なら知らない者はいなかった。すでに『日本神話の形成』（一九七〇年）などを読んで教えられるところも多かったのだが、その大家がなんとぼくのゼミ発表の場に加わりたいというのである。これには本当に参ってしまった。ぼくの発表は「男が女になる病気――スキュタイのエナレスについて」というもので、後に同名の処女作（朝日出版社、一九八〇年）となったものだった。氏の登場までは多少なりとも自信があった。こちらはすでに東大の博士課程を終えるところだったし、日本ではなく（相手の土俵である）ヨーロッパを舞台にした研究成果をぶつけて彼らの度肝を抜いてやろうと思っていた。アメリカの大学院生が聴いてもチンプンカンプンな代物だったと思うが、まさか神話学の泰斗・松前健が聴くことは予想していなかった。そうなるとまったく事情がちがってくる。いいかげんに質問を受け流すというわけにはいかない。それで方針を変えて徹夜でレジュメをタイプで打ち、それにそって説明を加えていくというやり方でなんとか凌《しの》ごうとしたのだった。

当日のことはいまでもよく憶えている。「男が女になる病気」というタイトルにみんなが大いに好奇心を抱き、好意的な質問も数多く受けたし、後にわかったことだがゼミの成績もA＋というシカゴ大学大学院の博士クラスでも二、三人しかもらえない好成績を収めたのだった。終わった後で松前健ご夫妻を夕食にお連れするということになっていたので、おそるおそる感想を聞いてみた。それに対する答えはただ一言、「なかなか堂々と発表していたのがよかった」だった。なんだか「元気がよくてよかった」みたいな感想で、内容についてはいいとも悪いとも言われなかった。

いま手元にあるのは著者のサイン入りの『日本の神々』（一九七四年）である。ぼくが氏と会ったのはその一度だけなので、おそらくその時にいただいたものだと思う。そのなかの一章「伊勢神宮とアマテラス」に「心御柱の秘儀」という一節があり、そこにエリアーデにふれた箇所があって線が引かれていた。世界的な宗教学者ミルチャ・エリアーデは当時のぼくの指導教授であり、松前健はエリアーデに会いにシカゴにやって来たのだった。なんだか運命の出会いの場に立ち会ったような気がした。

　松前健が引用したのは「中心のシンボリズム」について論じた箇所だった。心御柱の意義はなんといってもそれが「宇宙軸」だという点にあると指摘して、次のように続けている。「エリアーデの研究によると、宇宙の中心はもっとも聖なる部分である。宇宙の創造も、この聖なる中心で行われ、また天上、地上、地下の三界の接合点である中軸（宇宙軸）で行われたとされた。古代の神殿や聖所などは、往々にしてそうした宇宙軸としての柱とか岩とかを持ち、世界の中心であると考えられていた」[★3]。イザナギ・イザナミが回った天御柱《あめのみはしら》もそれだし、伊勢神宮の心御柱もまさに宇宙軸そのものだと言っていいだろう。こういう視点がおろそかになって、社殿のかたちがどうこうとかいう議論に熱をあげる人たちもいるが、そんなことはどうでもいいことなのではないか。祭儀の歴史を考えた場合、社殿の構成とか役割とかはわりと新しく考えられたもので、せいぜいそのかたちからわかるのは社殿が生成された年代がだいたいいつご

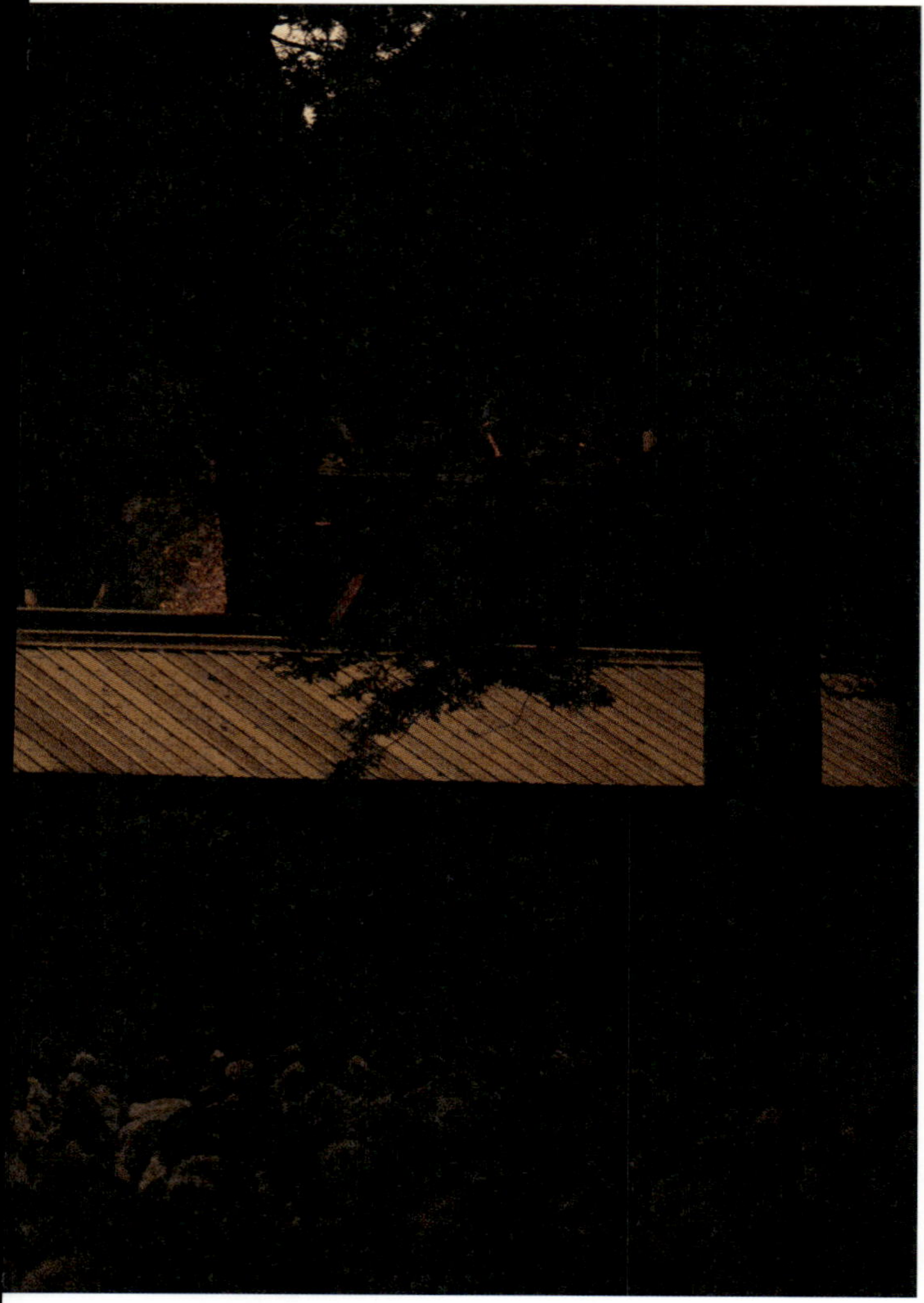

式年遷宮（外宮）

式年遷宮（外宮）

ろかということにすぎない。

それなのに、建築専門家らはしばしば「心御柱はもともと建物を支える機能を果たしていたのかどうか」というような議論から始めるからややこしいことになる。彼らにとっては、あくまでもまず建築があって、そのなかの一要素としての柱がどのような役割を果たしてきたのかという見方が重要なのだろう。たとえば、井上章一氏は「じっさいには、心御柱がはじめから何もささえていなかった可能性だってある。千年以上前に、たてられだした当初から、象徴的な役割をになわされていた。力学的なつとめは、もとからなかったのかもしれない」[★4]と書いたりする。本末転倒ではないか。どう考えても心御柱には「力学的なつとめ」などかけらもない。後に梁とか天井とかとつながってしまう可能性はゼロではないが、そんなことは二次的なことである。

建築評論家の川添登氏の登呂の高床建築に心御柱めいたものが見られるという指摘もにわかには納得できない。「倉に、収穫物を一時おさめることは、それをトヨウケに捧げる意味もふくまれていたのであろう。彼らは、その意味をこめて、床の下に一本の柱を立てたのではなかったろうか」[★5]。つまり、トヨウケの神をうやまう意味で床下にわざわざ一本の柱を立てて祀ったのではないかというのである。そもそも社殿というのは神祭りの場につくられた神の依り代《よりしろ》から派生するものであり、その逆はない。心御柱とはそれがなければ建築そのものが成立しないような宇宙軸であって、もともと機能的な役割など考えられないのである。

3　心御柱

さて、それではまず心御柱の秘儀の概要を記そう。心御柱は、神宮で忌柱とも天御柱とも呼ばれる内宮外宮の正殿の床下の中央に立てられた神秘な柱で、柱とはいえ半ば地中に埋められており何も支えていない。この柱こそ内宮外宮の建物の中心であるばかりではなく、神宮そのものの中心という意味を持つことは『御鎮座本紀《ごちんざほんぎ》』や『元元集《げんげんしゆう》』にも書かれてあるとおり。

それらによると、心御柱のまわりは次のようになっているという。「五色の絁《きぬ》をもってこれ（柱）に巻きつけ、八葉榊《やつばのさかき》でこれを飾り立てる」（『貞和御餝記《じようわおかざりき》』）。そして、「これの周りに、天平瓮《あめのひらか》という土器を、八百枚も積み重ねて置いている」[★6]。第一章で訪ねた江神社の社殿の床下に置かれていたのもこれであろう。

かつて春日大社の調査に入ったとき、春日大社の社殿の中心には岩（磐座《いわくら》）が置かれていると聞かされたことがある。宮司以外には誰もそれを見ることができないわけだが、その様子は春日大社の摂社を観察することによってうかがい知ることができる。たとえば、摂社・水谷《みずや》神社の床下を見ると、そこには梁のような横木がわたされており、その中心部分に不自然に白く塗られて目立たなくされた岩が置かれているのに気づくだろう。それこそ「宇宙軸としての岩（磐座）」のミニチュア版なのである。おそらく春日大社の社殿中央の床下にも同じような磐座が祀られているはずである（二〇一五年特別公開）。

たとえば鼓ヶ岳《つつみがたけ》に鎮座する五本松神社の場合にも、小さな社殿の床下にあたる部分に岩（磐座）が置かれていて、どうもそちらがご神体であるように見える。こちらは社殿（祠）と磐座がほとんど一体化しているが、これこそ神を拝む古いかたちのひとつであることは間違いない。五本松神社のご祭神はおそらく山の神であって、このあたり一帯に暮らす人々がそれを祀ったものであろう。この神社がちょうど宇治橋の延長線上にあることも何か古い季節儀礼（たとえば冬至）との関連を思わせる。

江神社に出かけたときにそこを管理する男性が、「床下を見るのはいいけれど写真撮影はしないでください」と言ったのは意味のないことではなかった。そこに置かれた榊の枝と土器《かわらけ》は神宮のご神体のミニチュア版といってもいいものだったのである（ちなみに栄野神社の床下にはそれらしきものは見られなかった）。江神社でも心御柱にあたる部分は見られなかったが、たしかに榊と天平瓮らしきものは確認できた。では、それらのなかでもっとも重要なのはどれ

外宮

なのか。心御柱か、榊か、それとも、天平瓮か。ここで天平瓮について一言つけ加えておかなければなるまい。

この天平瓮という土器は、「『釈日本紀』や『宝基本記《ほうきほんぎ》』などには、神々が参集する神座であるとされている」[★7]と松前健は指摘している。『日本書紀』神武紀に「天の香具山の土で平瓮をつくって祈り、天下を平定した」という記述もあり、大和支配の象徴と言っていいかもしれない。どちらかというと物部《もののべ》系の祭祀《さいし》と結びつくようでもあり、それがなぜ伊勢神宮の心御柱に置かれているのかは議論の余地があるところだろう。

心御柱が宇宙軸であるということはいいとして、それは単なる目印であって、ご神体は神が依《よ》り憑《つ》く榊そのものだったのではないのかと考える人もいる。櫻井勝之進によれば、「二十年ごとにご正殿を造営する行事は、まずこの忌柱のご用材を採取し奉る神事から始まることは、古今を通じてかわりない」とのこと。そして、「じつはこの忌柱にとり付けられたサカキがきわめて重要であったことは、このサカキが損傷したので御柱そのものを建て替えなければならないと、わざわざ朝廷に奏聞したという古記録によっても理解される。あえて推測を加えるならば、その昔、磯城《しき》の神籬《ひもろぎ》を建てて大御神を奉斎したと『書紀』が伝える、その神籬の形式がこの五十鈴川上の祠（祭場）にさながら移されたのではあるまいか」[★8]と述べている。そうなると、やはりご神体は神の依り憑く榊であって、心御柱そのものではないということになるのだろうか。

心御柱については丸山茂「心柱ノート」(一九九五年)という論文がある。それによると、内宮外宮以外には心御柱はないという神宮関係者の発言を引用した後で、以下のように続けている。「それでは、別宮の床下や古殿地に見とめられるものは何であるか。石田一良氏の報告によれば、瀧原宮の場合、正殿床下には『榊の小枝で四角に囲んだヒモロギの内部の四隅に、例の平瓮が六、七枚積み上げられて』おり、古殿地の小建物の中には『榊の枯枝』がつめられており、四隅に平瓮が四、五枚積み重ねられているのが実見された[★9]」という。また、外宮別宮の「風宮《かぜのみや》」床下にも同様のものを見たとのことである。ただし、心御柱についての記述は残されていない。こうして江神社の床下で見たものの正体が次第に明らかになってくる。

心御柱の様態については、林野全孝「内宮『心の御柱』の性格について」(一九五五年)に以下のように述べられている[★10]。

・径九寸、長さ六尺の檜棒
・内宮は地中に全部埋没されている

風宮

・外宮は半分以上地上に突出している
・（内宮は）最下部は厚い礎板で、柱の下部が礎板に喰い込むように仕口が取られている（遷宮の時に礎板も替える）
・（外宮は）礎板のかわりに礎石を用い、……これは遷宮の折も替えられない

　ここまで詳しく述べたものは他にはなかなかないだろう。内宮外宮で立て方がちがうというのも興味深い。もちろんこうした記録はきわめて珍しいものだが、江戸時代以前の様態についてはなんとさらに詳しい資料が残されている。それらについては、山本ひろ子「心の御柱と中世的世界」（一九八八―九二年）、「心の御柱考」（一九九一年）にその内容が紹介されている。資料として取り上げられているのは、度会行忠撰「心御柱記」、御巫清広撰「心御柱秘記」、石部清房撰「心御柱秘記」である。それらを見ると一三世紀後半以来の心御柱の立て替えの様子をうかがい知ることができる。★11

　ここで注目したいのは、外宮本殿の心御柱の榊が牛に喰われる事件が発生した折の対処のされ方であろう。「康平二年九月の遷宮を前にして、康平一年に外宮新殿の、二年に外宮本殿の心柱の榊が牛に喰われる事件が発生した。当然穢《けがれ》は心柱にもおよぶであろうが、心柱は替え

られずに榊だけが替えられた。寛治三年、外宮仮殿の心柱を立てようとしたところが、その前日に、杣《そま》（筆者注：巨大造営物建立にそなえて指定された山林）より切り出して安置しておいた『外宮仮殿心柱』を覆っていた榊が恐らく牛のために喰い損せられていることが発見された。仮殿遷宮を延期するほどの大事となったが、心柱は替えられずに榊だけが替えられた[★12]」という。

　いずれの場合も榊だけが替えられたというわけで、丸山茂は「神性は榊にこそあるもので、心柱はそれを飾り付けるための背景に過ぎない」と感想を述べている。しかし、そう簡単に断定できるのかどうか。たとえ榊が依り代として重大な役割をはたしていたとしても、心御柱のもつ意味はそう簡単には否定できないのではないか。おそらく康平二年、すなわち西暦一〇五九年には、すでに心御柱の持つ原初的な意味がある程度曖昧になっていたとも推測できるし、依り代とそれを支える柱との関係は容易に逆転しうるものだからである。

　それより呆《あき》れるのは、なんでそれほど頻繁に神聖なる榊が牛に喰われるような失態が繰り返されたのかということである。それについては管理不行き届きということはあっても、かつては神宮全体がいまほど厳格な取り締まりの対象になっていなかったということでもあり、そんなのどかな時代があったというのも決して神宮の印象を悪くするようなことではなかろう。

　この心御柱については、見ることも、触ることも、口に出すこともならないと古くから厳しく戒められていたというが、さすがにいつでも例外は存在するものである。いまでは伊勢神宮のご神体といえば八咫《やた》の鏡とされているが、心御柱（忌柱）こそ神宮のかつての古いご神体であったことは、すでに多くの学者が指摘してきたところである。このことは式年遷宮の折の祭儀を詳しく追ってみると、誰にも異存のないところではないかと思われる。神宮では三節祭の祭りの中心には重要な秘儀があり、由貴大御饌と呼ばれていたことはすでに述べたとおりである。その際、「大物忌以下の童女だけしか床下には入れず、禰宜・内人らの成人男子の神職たちは正殿の前で祝詞の奏上などを行うだけであった★13」と伝えられている。つまり、「床下の秘儀」とはそもそも心御柱に向けてなされた神事だったのである。

由貴大御饌は社殿内部において行われるのではなく、古儀によればわざわざその床下を選んで行われていたとのことである。いったいなぜそんなおかしなことが長く続けられてきたのだろうか。

4　床下の秘儀

式年遷宮を古来変わることのない神事と思っている人もいるかもしれないが、遷宮の行事そのものが大きな変遷を遂げてきたことは一方でよく知られている。それについては、神宮で禰宜をつとめた櫻井勝之進『伊勢神宮』（一九六九年）、『伊勢神宮の祖型と展開』（一九九一年）が詳しい。

たとえば、月讀宮《つきよみのみや》。いまでは四殿あるが、月讀宮以外の主殿はその規模が小さい。櫻井勝之進は、「月読四宮とは、月読宮と月読荒御魂宮および伊佐奈岐《いざなぎ》宮と伊佐奈弥《いざなみ》宮を申しあげる。私がこういう二宮ずつの表記をするのは『延喜式』には伊佐奈岐宮二座、月読宮二座とし、四殿が成立してからも荒御魂宮と伊佐奈弥宮とは小殿《おどの》としてその規模がちがっていたからである」[14]と述べており、明治六年に月讀荒御魂宮と伊佐奈弥宮の殿舎が復興されていまのかたちになったとしている。

明治四年から五年にかけては、「豊受宮別宮の高宮《たかのみや》、土宮《つちのみや》、月読宮、風宮の忌火屋殿が取り除かれ、内宮宮域にあった末社山神社の神楽所、伊雑宮《いぞうぐう》の神楽人たちの活動の場であった佐美《さみ》長《なが》神社の神楽所も撤去された。つづいては皇大神宮末社、加努弥《かぬみ》神社の舞殿、御塩殿域内の御供所、豊受宮末社赤崎神社の拝殿など」[15]も取り払われたという。このようにして明治政府の手によって神宮が大きな変貌を遂げたことは歴史的な事実であろう。伊勢神宮だけが万古不変であったというわけではない。そしていまわれわれが注目しなければならないのは失われたもののほうではなかろうか。

式年遷宮（内宮）

さらに、明治政府のドラスティックな神道政策によってだけではなく、長い歴史の流れのなかでも神宮は大きな変遷をこうむってきたことをここでつけ加えておきたい。たとえば、朝熊神社（朝熊御前《みまえ》神社）と鏡宮《かがみのみや》神社については長く廃絶していて近世初頭にはすでにそれがどこにあったかさえわからなくなっていたという。朝熊神社はいまは五十鈴川と朝熊川が合流する地点の東の丘の上にあり、鏡宮神社はその対岸に造られているが、どちらも内宮の摂社・末社として由緒正しい神社だったにもかかわらず、そこが古来の鎮座地かどうか確証があるわけではなかった。

これについては清水潔が鎮座地についての文献をひもといて、結論として「『建久三年

皇太神宮年中行事』六月十五日条に『次に鹿海より各船に乗る。（中略）海路の間。小朝熊前に於て、船に乗りながら神拝あり』とあることも考慮し、これを実地に踏査するとき、まず現社地のほかに適地を求めることは困難ではないかと思われる」★16としている。実際に歩いてみても他にそれらしきところは見つからない。

鏡宮神社については次のような伝承がある。朝熊神社の社地を掘ったときに掘り出された石の上に鏡があり、さらにその鏡の下にはそれを守護するかのように蛇がひそんでいて、それを祀ったものとされている。この神社は「儀式帳にこそ見えていないけれども、『朝熊神社属社ニテ古典旧記等ニモ顕然記載有之、

朝熊山から五十鈴川、宮川の河口を望む

鏡宮神社ご神体　植島啓司撮影

往昔ハ格別御崇敬』の社であったとして、これまた皇大神宮末社に復することが聞届けられた」[★17]という。ここは見かけ以上に格式の高い神社なのである。

このように伊勢神宮の歴史をたどると、内宮外宮の社殿の配置についても変更が加えられてきたことがわかってくる。式年遷宮も正確に二十年おきに行われてきたわけではないし、百年以上途絶えていた時期があることも知られている。決してすべてが七世紀以来同じというわけではない。ただし、歴史の荒波にもまれながらも、ほとんど変化を受けていないと思われるものがある。神嘗祭などの祭事である。「祭というものはその日時、場所、奉仕者組織及びその形式ともどもに原型を頑なに踏襲することにつとめ、あえて変化を好まないものである。変化するとすればその祭に付与するところの観念だけであって、こちらの方は流動性を持っている」★[18]。いずこでも祭神が変化することはよくあることだが、祭事の細かい手順などはなかなか変化しにくいものと言えるだろう。

そういうわけだから、神嘗祭などの神事でもっとも中心となるのが「床下の秘儀」であるということの持つ意味は大きい。一般にご神体とされている神鏡が正殿に祀られていることを知らない人はいないだろう。いわゆる八咫の鏡だ。「ところが、神の新饗《にいあえ》として奉る大御饌の品々をお供えするのは、じつはこのご正殿の御床下《おゆかした》というのが古儀であった」という。しかも、「御床下ではじつは正確ではない。その中心の御下《みした》というべきであるが、そこには太古以来、心の御柱が奉建されている」★[19]というのである。

要するに、床下の秘儀と呼ばれるものは、わざわざ床下を選んで行われてきたわけではなく、当初からそこが神事の中心であったのに、後にそれに覆いかぶさるように社殿が建てられたので結果的に床下になってしまったということである。そして、それを執り行ったのが斎王《さいおう》でもなければ神宮禰宜でもなく、幼い少女（大物忌）だったという点にも注目しなければならないだろう。こうしたことこそ伊勢神宮がまだ社殿をもたず、神籬や磐座によって祭事の場を区切

式年遷宮（外宮）

式年遷宮（外宮）

っていた時代の名残りというべきものではなかろうか。

いずれにせよ、明治政府によって床下の秘儀が廃されたのはきわめて重大な出来事であり、神宮全体を支える秘儀とも言うべきものを失った伊勢神宮は、それ以降ますます合理化された姿を露わにするようになっていくのである（215頁以下参照）。

注

1 櫻井勝之進『伊勢神宮』学生社、一九六九年。

2 同。

3 松前健『日本の神々』中央公論社、一九七四年。

4 井上章一『伊勢神宮　魅惑の日本建築』講談社、二〇〇九年。

5 川添登『民と神の住まい』講談社、一九七九年。

6 松前健、前掲『日本の神々』。

7 同。

8 櫻井勝之進、前掲『伊勢神宮』。

9 丸山茂「心柱ノート」『跡見学園短期大学紀要』一九九五年。

10 林野全孝「内宮『心の御柱』の性格について」『建築史研究』二〇、一九五五年。丸山茂、前掲「心柱ノート」。

11 それらの要約は丸山茂、前掲「心柱ノート」を参照。

12同。
13岡田精司『古代祭祀の史的研究』塙書房、一九九二年。
14櫻井勝之進、前掲『伊勢神宮』。
15櫻井勝之進『伊勢神宮の祖型と展開』国書刊行会、一九九一年。
16清水潔「朝熊神社」、前掲『日本の神々—神社と聖地』第六巻。
17櫻井勝之進、前掲『伊勢神宮の祖型と展開』。
18同。
19櫻井勝之進、前掲『伊勢神宮』。

第五章

サルタヒコとは何か

1　興玉の森

二〇〇八年に久しぶりに伊勢を歩いたとき、一番興味をもったのは伊勢神宮の内宮でも外宮でもなく、興玉《おきたま》の森だった。月讀宮《つきよみのみや》のすぐ近くにあるこんもりとした樹叢が目印なのだが、たどり着くと宇治山田《うじようだ》神社の名前が飛び込んでくる。それほど大きくない樹叢で、階段を上がると神社の社殿しかないので、そこで引き返してしまう人がほとんどだろう。ところが、草をかき分けて社殿の裏に向かうと、ひっそりと注連縄で囲まれた場所があって、この樹叢全体が古くから人々の手によって祀られていた場所なのだとわかる。そこに祀られているのは「興玉の森」という名のとおり、興玉神《おきたまのかみ》であり、いまでも宇治土公《うじとこ》の人々によって定期的に神事が行われていると聞いている。

興玉神とは伊勢の地主神サルタヒコを指すとされており、そこはサルタヒコの末裔とされる宇治土公氏が祖先祭祀を営んだ祭場跡だとのことだった。やや小さな塚のようになっているが、昔の面影はほとんどない。ただ二本の細い木に注連縄がわたされ、前方には瓦礫《がれき》のような小石が露出している。かつてはそこを中心に石塊で囲まれた祭場があったのだろう。

サルタヒコについては、この興玉の森のみならず、有名な二見興玉《ふたみおきたま》神社もあれば、椿大神《つばきおおかみ》社《やしろ》もある。もちろん内宮近くには猿田彦神社もある。さらに内宮の御垣内にも興玉神の神座（石神）が宮比神《みやびのかみ》とならんで祀られている。[★1] そこには榊が一本立てられているだけで、特に社殿のようなものがあるわけではないが、この興玉神と宮比神も遷宮の際に一緒に移転させられるとのことだった。

興玉神はサルタヒコ、宮比神はアメノウズメに比されており、神嘗祭のときにはまずこの両所に拝することが順序だというのだから、それらが土地の守り神（地主神）であって、伊勢における古い信仰の名残だということは容易に想像できるだろう。

宇治山田神社

興玉の森に惹かれたきっかけは、なによりその森のたたずまいにあった。ちょうどお椀をひっくり返したようなかたちをしていて、見るからに端正なその外見からして、こういうところに何もないということはありえないと直感したのだった。しかも、その神社に奉職する一族の私的な祭祀場という素性が出雲における神魂《かもす》神社とぴったり重なることにも

興玉の森「神籬」

興味を抱いた。

神魂神社は『延喜式神名帳』にも『出雲國風土記』にも記載がない。それなのに、かつて出雲地方の中心だった意宇《おうぐん》郡の六つの神社（神魂神社、熊野大社、真名井神社、八重垣神社、六所神社、揖屋《いや》神社）の筆頭とされていたわけだから、意味がよくわからない。いまのところ、神魂神社は一般に「大庭大宮《おおばおおみや》」と呼ばれるように、古くから出雲国造家の氏神を祀った祭祀場だったという説が有力である。そこで興玉の森と結びつくわけだ。だいたい私的な祭祀場というのは公的な祭祀場よりも古いことが多い。神魂神社は、参道から石の階段を上がると、目の前に社殿が現れてくるのだが、その質素で清廉な雰囲気はなかなか捨てたものではない。季節によってはアジサイが咲き乱れ、水の音が響きわたっていて、とりまく環境もみごとだ。ここには特別な気配が残されている。もしかすると、神社が成立する以前からなんらかのかたちで崇拝されていた場所なのではないか。

もう少し神魂神社に触れておくと、奈良時代を通じてそのあたり一帯は出雲地方の中心だった。しかし、延暦十七年（七九八）のいわゆる「国造郡領兼帯の禁」以降、出雲国造は意宇郡の熊野大社の祭祀権は保持しつつも、杵築《きづき》大社（現在の出雲大社）をつかさどる祭祀者となって、次第に出雲地方の中心は西へと移っていったのである。それでも、神魂神社が位置する「大庭大宮」にはどこか神が降り立ったような気配がわずかに残されており、出雲大社の古伝新嘗祭の折に神聖な火をおこすための燧臼《ひきりうす》と燧杵《ひきりぎね》をこちらまで受け取りにやってくる神事が行われていたこともある。いわゆる亀太夫《かめだゆう》神事だ（現在は熊野大社）。

以前、神魂神社と隣接する地に戦後建てられた学校法人淞南《しょうなん》学園の岡崎功理事長（当時）を訪ねた折に、さまざまな話をうかがうことができた。岡崎氏いわく、創設以来、学園内で事故が多発したこともあって、調べてみるとそこが「大庭大宮」の敷地内だったことがわかったという。学内の磐座《いわくら》を古代の祭祀場として篤く祀るようにして、ようやく災難を免れるようになったとのことだった。しかし、いまそこを訪れる人は学内に点在する磐座に気づくだろうか。一応、小さな磐座にいたるまで柵で囲まれたりしてはいるのだが。

伊勢の「興玉の森」も、いわば「大庭大宮」と似たかたちで崇拝されており、そして、時代が経つにつれて同じような運命をたどったのではないかと想像される。まだ神魂神社には社殿（国宝）があって、かつての栄華を偲ぶこともできるが、興玉の森のほうには昔を思わせるものはほとんど残されていない。興玉神やサルタヒコ・アメノウズメに当初それほどの興味を抱いていたわけではなかったのだが、一つだけ気になっていたことがあった。この興玉の森はその記憶とどこかで結びついているような気がしてならなかったのだ。

それに触れる前にまず『古事記』のいわゆるアマテラスの岩戸籠りのシーンを取り上げてみたい。

天宇受売命《あめのうずめのみこと》、天の香山の天の日影をたすきにかけて、天の真拆《まさき》を縵《かずら》として、天の香山の小竹葉《ささば》を手草《たぐさ》に結ひて、天の石屋戸にうけ（筆者注：空の槽《おけ》）伏せて踏みとどろこし、神懸りして、胸乳《むなち》を掛き出で、裳緒《もひも》を番登《ほと》におし垂れき。ここに高天の原とよみて、八百万の神ともに咲《わら》ひき。

いまやこの『古事記』の記述については説明するまでもないだろう。アメノウズメは天岩戸の前で神懸りして、胸乳を露出させ、女陰に裳緒を垂らしただけで、ほとんど全裸に近い姿で踊ったことになる。しかし、よく考えると、そのような描写は日本の神話の他の箇所を読み返してみてもほとんど見かけることがない。いったい彼女は何をしていたのか。いくら神代の出来事であるとはいえ、なぜアメノウズメはそのような狂態を示したのか。まるで「バッコスの信女」ではないか。しかも、『古事記』では右のように記述されているものの、「この原始的狂態は平安朝の記録からは消えてしまっているし、書紀でさえ天の岩屋戸の段には『巧に俳優《わざおぎ》を

天岩戸神社

作《な》し』とのみあって、その所作には何ら具体的にふれることをしていない」[★2]（西郷信綱）。なぜ『古事記』だけがそれを記述することになったのか。

もう一度その箇所をよく検討してみよう。よくわからないのが、「天の香山の天の日影をたすきにかけて、天の真拆を縵として、天の香山の小竹葉を手草に結ひて、天の石屋戸にうけ伏せて踏みとどろこし、神懸りして」の部分だ。なんだか煩わしそうな一節だけれども、たいていこのように修辞を凝らした文章は古代の祭式と結びついていることが多い。

現代語訳にしてみよう。天の香具山の日陰《ひかげ》蔓《かずら》を襷《たすき》にかけて、真拆蔓を髪飾りにし、天の香具山の笹の葉を採物《とりもの》に束ねて手に持ち、天岩戸の前に槽を伏せて足で踏み鳴らしながら、神懸りする、ということになる。現代語にしてもあまりよくわからないかもしれないが、ヒントはある。宮廷鎮魂祭の式次第だ。そう、ここでのアメノウズメの振る舞いは基本的には宮廷鎮魂祭に基づいたものだったのである。

鎮魂とは古来神道にとってもっとも重要な神事だった。「鎮魂は遊離する魂を身体の中府に鎮める意に後には解されるようになったが、それはもとタマフリとよび、魂をふりうごかし更新するのが古義であった。昔の人にとって魂は一種のものであり、すりへったり、使い古したりするので、年ごとに更新し、賦活せねばならぬと考えられていたらしい」[★3]。たとえば、ぼくが見た島根の物部神社の鎮魂祭は以下のように進行する。

十一月二十四日の夜（かつては旧十一月中寅の日の申《さる》刻）、潔斎した神職と巫女によって行なわれる。巫女は地区の少女一人がつとめる。祝詞奏上などのあと、拝殿において宮司は人《ひと》形《がた》を記した紙と紐との入った神箱をあけ、黙禱《もくとう》ののち「ヒトフタミ、ヨイツム……ハライタマエキヨメタマエ」と唱え詞を発しながら紐を結び、箱をゆるがせる。一回終わるたびに傍らの禰宜が笏《しゃく》を打って「ヒトーツ」と唱え、これに応じて、拝殿の宇《う》気《き》槽《ふね》の上に立った巫女も「ヒトーツ」と答えながら、手にした榊の桙《ほこ》で宇気槽を突く。この儀礼を十回ほど行なう。厳粛な行事であり、紐の結び方などは秘伝となっている。一年の終わりに当たって魂を新たに復活させ固定させる儀礼であろう。[★4]

改めてこうしてみると、そもそもアメノウズメの踊りには宮廷鎮魂祭における巫女の舞としての要素が色濃く反映されているのがおわかりだろう。特に桶を伏せてその上で足を踏み鳴らしながら神懸りするという箇所は両者の共通点を明らかにしている。アメノウズメはただ滑稽な業《わざ》を見せてみんなを喜ばせ、アマテラスを岩戸から導き出すという役割以上のものを持って

阿射加神社（大阿坂）

いたのである。そのことは宮廷鎮魂祭が十一月の中の寅の日に行われるということ、すなわち、その日はほぼ冬至と重なることともかかわってくる。冬至とは一年のエネルギーが衰退し、ほとんどゼロに近くなった状態で、太陽を復活させることがなにより強く要請されていたのである。宮廷鎮魂祭とは太陽を復活させる儀礼で、それがアマテラスの岩戸からの出現というストーリーを導き出したのではないか。

この神話は鎮魂祭の式次第を物語化したものなのである。そもそもウズメの「ウズ」とは髪飾りのことを指しており、髪に葉をかざすというのは、女性が「巫女になる、神霊をさずかる」ということを意味している。★5 そし

二見興玉神社

て、西郷信綱も「ウズメの踊りには、宮廷鎮魂祭という枠をはみ出す何ものかがあるように思われる」と指摘している。ぼくの心にずっと引っかかっていたのはこの西郷信綱の言葉だった。もしかすると太古の時代には、後の中臣《なかとみ》や忌部《いんべ》の形式ばった宮廷鎮魂祭とはまた違った原始的エネルギーの発露とでもいうような祭儀が執り行われていたのではなかろうか。古代ギリシアのデルフォイの神託におけるピューティアー（巫女）の神懸りのように、当時はそうした回路を通じることとなしに神と交流することは叶わなかったのではないか。さらに想像をたくましくすると、伊勢の興玉の森はそうした祭儀の場となんらかの関わりを持っていたとも考えられる。

それからというもの、ぼくはサルタヒコおよび興玉神への関心を深め、猿田彦神社、椿大神社、都波岐奈加等《つばきなかと》神社、大阿射加《あざか》、小阿射加、二見興玉神社、飯福田寺《いぶたじ》（伊勢山上《さんじょう》）と伊勢中を歩きまわりながら、ずっとサルタヒコとウズメのことを考えていた。五十鈴川を遡り、そこから志摩へとつながる街道沿いにもサルタヒコを祀る森がある。ただし森とはいってもご神木の杉の大木があるばかり。一九三九年に出された『神宮摂社末社巡拝』にも、「白木の鳥居には『佐田比古大神』と書かれ、みかげ石の常夜灯には『明治二二年九月吉日、西京協真社中、当村周旋人山下三九郎』と刻まれている。昔はこのご神木には玉垣を結び、注連縄をかけて拝していたものであるが、今ではない」と記されている。★6 そこを下ると瀧祭窟《たきまつりのいわや》、俗にいう天

サルタヒコの森

岩戸にたどり着く。そこはいまでも志摩磯部の名所としてよく知られており、この内宮から天岩戸に通じる道には無視できないものがあるように思われる。

2 サルタヒコとアメノウズメ

さて、話を本筋に戻そう。サルタヒコについて知られていることといえば、天孫降臨のときに天八衢《あめのやちまた》にいて、真っ赤に燃えるような異形の姿でニニギノミコトの道案内をしたということで、その話についてはどなたもご存じであろう。そのときのサルタヒコの形容として『日本書紀』では、「口尻明《くちわきあか》り耀《て》れり」という表現が使われている。すなわち、「上は高天原を照らし、下は葦原中国を明るく照らす」という意味だから、もともとサルタヒコには太陽神としての性格が付与されていたことになる。ニニギノミコトら一行は高千穂の峯に降り立つわけだが、サルタヒコは「伊勢の狭長田《さなだ》の五十鈴の川上に到る」と書かれている。そこから読み取れるのは、サルタヒコがもともと伊勢の出であったということだろう。「五十鈴の川上」とは、現在の猿田彦神社がある場所なのか、それとも伊勢神宮内宮がある場所なのかは定かではないが、いずれにしろそんなに離れてはいない。そもそも伊勢神宮内宮の御垣内に興玉神（サルタヒコ）の神座（石神）が祀られていることからして、彼がこの地の地主神であったことは間違いないだろう。
　サルタヒコについて書かれていることはもう一つある。彼はアザカ（阿邪訶）の海で比良夫《ひらぶ》貝《がい》に手を咬《か》まれ溺れて死んだということになっている。これまでアザカにかかわる記事は次の三点が考えられる。古い順に『古事記』『皇大神宮儀式帳』『倭姫命世記』で、それらについてはすでにさまざまな研究がある。とりあえず『古事記』の該当箇所を引用しておこう。

　故《かれ》、その猿田毘古神、阿邪訶《あざか》に坐しし時に、漁為《すなどりし》て、比良夫貝にその手を咋《く》ひ合はさえて、海塩《うしほ》に沈み溺れき。故《かれ》その底に沈み居たまひし時の名を、底度久御魂《そこどくみたま》と謂《い》ひ、その海塩《うしほ》のつぶたつ時の名は、都夫多都御魂《つぶたつみたま》と謂ひ、そのあわさく時の名は、阿和佐久御魂《あわさくみたま》と謂ふ。

　ここでも前半はそのとおりに意味をとればいいのだが、後半はやはり神事における歌謡の要素が含まれていて、そのままでは意味をなすとは思えない。すなわち、サルタヒコが海に溺れて海底にいたときの御魂、海水が粒のように広がるときの御魂、それが泡となって上っていくときの御魂、それらをそれぞれ描きだしているのだが、おそらくそれは「魚介の捕獲を類感呪術的に表現した」神事の一場面を描いたものとも考えられよう。★7

このことは出雲におけるサルタヒコと比定されている佐太大神《さだのおおかみ》の誕生譚と比べてみるとさらに興味深い。『出雲國風土記』によれば、佐太大神は加賀《かか》の潜戸《くけど》と呼ばれる大洞窟で支佐加比《きさかい》比売命《ひめのみこと》から生まれたことになっている。この「支佐加比」とは赤貝を意味しており、そうなるとサルタヒコは赤貝から生まれて比良夫貝（シャコ貝か）によって死に至ったということになる。この神がいかに海および河川と深く結びついているかがよくわかる。

アメノウズメにしても『古事記』に次のような記載が見られる。

ここにおいて、猿田毘古神を送りて、還り到りて、すなはち悉《ことごと》くに鰭広物《はたひろもの》・鰭狭物《はたさもの》を追ひ集めて問ひていはく、「汝は天神の御子に仕へ奉らむや」と。諸々の魚みな「仕へ奉らむ」と申すなかに、海鼠《なまこ》申さず。ここに天宇受売命、海鼠に「この口は答へざる口か」と謂ひて、紐小刀でその口を拆《さ》く。ゆえに今も海鼠の口は拆けたり。これを以て、御世、島（志摩）の速贄《はやにへ》を献る時、猿女君らに給ふなり。

これはウズメが「天神の御子によく仕えるか」と魚たちに聞いたとき、みな口をそろえて「仕えます」と答えたのに、海鼠だけ何も言わなかったのでウズメによって小刀で口を切られ

たというエピソードだ。なぜこんな話が載っているかというと、最後の部分、志摩の国からの御贄を献ずる権利をなぜ猿女君、すなわち、アメノウズメの後裔たちが持ったかという由来譚になっているからであろう。神崎勝はこの部分の「天神の御子」もかつては「猿田毘古神」となっていたのではないかと推理を進めている。★8

つまり、サルタヒコにしてもウズメにしても海と特に密接な関係にあることがおわかりになるだろう。折口信夫が『古事記』『日本書紀』には海の匂いが濃厚に感じられると述べたのはこうしたところにもよく表れている。では、サルタヒコ・ウズメが故郷としたアザカとはどのような土地だったのか。『古事記』に「猿田毘古神を送りて、還り到りて」とあることから、アメノウズメは、サルタヒコと同様、一志《いちし》郡アザカの出身であることがわかる。後に子孫は大和に移り住むことになったが、その地は大和添上郡の稗田であったという。『古事記』を誦習したという稗田《ひえだの》阿礼《あれ》はここの出身、すなわちアメノウズメの後裔ということになる。

現在のアザカ（阿坂）は古代において一志郡に含まれているのだが、実際に松阪のアザカを歩いてみると、そこは海からはかなり離れた土地であることがわかる。櫛田川・阪内川・雲出《くもず》川の河口からわりと平坦な土地が広がっており、それが阿坂山（枡形山）につきあたる手前に現在の大小二つの阿射加神社が位置している。なんの変哲もない場所のように見える。アザカはかねてより交通の要衝であったらしいが、港湾としての役割はともかく、陸路としてはとりたてて触れるところもないように思われる。

もう一度文献に戻ってみよう。『皇大神宮儀式帳』では阿佐鹿として、『倭姫命世記』では阿佐加、安佐賀などとして登場し、それぞれに倭姫命巡幸に関わる記事が載せられている。とりわけ『倭姫命世記』では、そこに悪神が居座っていて、百人通ると五十人を取り殺し、四十人通ると二十人を取り殺したため、倭姫命が藤方片樋宮《ふじかたのかたひのみや》から先へと進むことができなかったと伝えている。このアザカの悪神（荒ぶる神）こそ土地の神サルタヒコだと考えられる。それを最初に読んだときには薄暗い山越えの地であって、いくつか難所もあるような気がしていたので、現在のアザカにはちょっと拍子抜けしてしまったのだった。

ところが、実際にこの地にあるサルタヒコを祀った大阿坂と小阿坂という二つの神社（神社名は阿射加神社）を訪れると、やはり印象は一変させられる。おそらくこの二つの神社はかつて阿坂山の山上に祀られていたのだろうが、それにしてもそこにはいまでも神が降臨した気配がただよっている。どちらもなかなかよくできているが、阿射加神社（大阿坂）はとりわけ厳粛なたたずまいを見せている。やや離れてみてもその樹叢はみごとに美しいが、昼でもやや暗い参道を一歩入ると違った世界への入り口のような空気に包まれる。くもの巣でさえも美しく

阿射加神社（小阿坂）

神服織機殿神社

感じられる。神社の敷地そのものはそれほど大きくないのだが、それに比して参道が長く、まるで森の中に消えていくようにも見える（146—147頁写真）。

　このように、こんもりとした樹叢全体が神域で、社殿の占める割合はほんのわずかというのが本来の神社のありかただったのである。近くにある神服織機殿《かんはとりはたどの》神社や神麻続機殿《かんおみはたどの》神社などもその典型で、こんもりとした樹叢のシルエットからは女性的なやさしさが感じられる。みごとに美しい森の造形。何もない平地に浮かんで見える森。近くまで寄ってもどこが入り口か鳥居が見つからない。入り口から透けて見える森の内部の様子も興味深い。入ってみると、社殿はあるものの、こぢんまりし

神麻続機殿神社

ていて、森全体からするとごくわずかなスペースしかない。印象的なのは鳥の声。近くの鳥たちがすべてこの森に集まってきているかのようで、ずっとさまざまな鳥の声が響きわたっている。チュンチュン、ピーピー、クウクウ。人影もなく静かで透徹した空気が流れている。かつて人々は視覚よりも聴覚によって神を感じてきたというのがよくわかる。わずかに風が通る。このまましばらくとどまっていたいと思うようなおだやかさ。

　この二つの機殿神社は、伊勢神宮の神御衣祭《かんみそさい》に和妙《にぎたえ》（絹布）、荒妙《あらたえ》（麻布）を納める機殿の鎮守として祀られているのだが、写真でご覧になっておわかりのようにその美しさは尋常ではない。一歩入っただけで身がひきしまるほどの冷気につつまれるのも心地よい。

　阿射加神社にも共通したものがあり、特に夕方参道を入ってみると、その雰囲気のすばらしさに身を震わせることになる。そこがすでに平安初期に式内社として特別に重要視されていて、北伊勢の多度社《たどしや》とともに大社の格づけがなされていたことにも注目したい。おそらくそのあたり一帯は当時からかなり特別な地であったにちがいない。穂積裕昌「アザカ山とサルタヒコ―伊勢の在地信仰の可能性」には近年の考古学的発掘の成果を含めたこの地の特徴がよく描かれている。それによると、このあたりには中村川を経て雲出川に至る流域を中心にして古墳時代前期の有力な遺跡が密集しており、かつてはそこが一志郡の中心だったことが読みとれる。こ

的形の推定復元

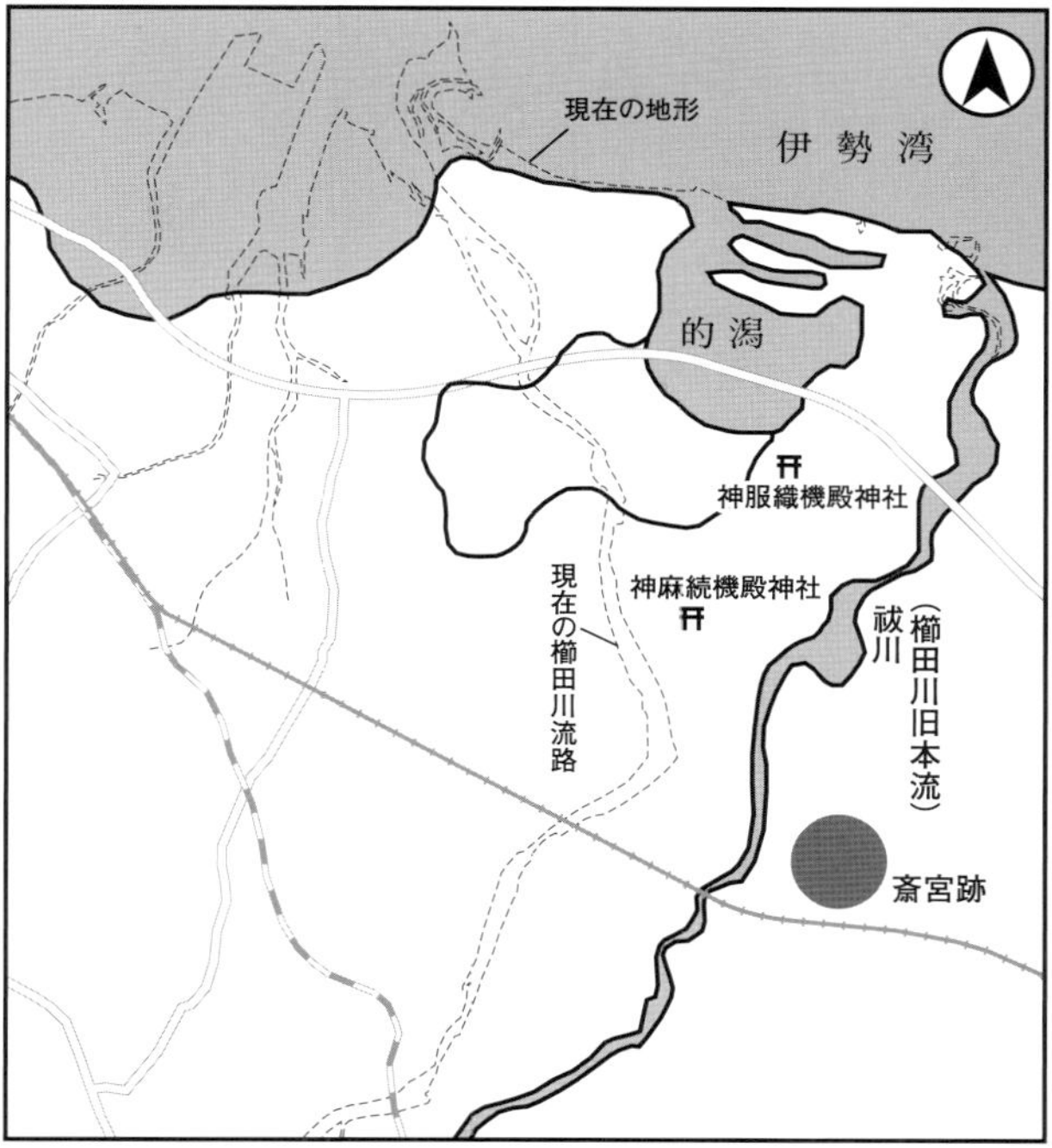

穂積裕昌『伊勢神宮の考古学』より作成

た、皇學館大学発行の『伊勢志摩を歩く』によると、「この地域は、北勢の鈴鹿川流域（亀山市・鈴鹿市）とともに、古代先進文化を最も早く受け入れた地域の一つ」とされている。[★9] ところが、阿射加神社周辺は「古墳分布の空白地帯」となっており、穂積裕昌は、もちろん古墳は葬送のためのものであるから、神域とは相容れなかったのではないかとみている。[★10] つまり、この地域は古墳が造営されるよりもずっと前から神域として祀られていたのではないかと推定している。

さらに、『古事記』の「サルタヒコがアザカで比良夫貝に手を挟まれて溺れて死んだ」という伝承から、アザカに海のイメージを投影する人が多いのだが、おそらく一志郡の相当広い範囲までアザカと呼ばれていたとすれば解決がつくだろう。ただし、もう一つ別の可能性もある。『伊勢國風土記逸文』の記述や考古学的知見に基づいた地図を見てみると、もしかしてアザカまで海がかなり深く食い込んでいたとも考えられよう。[★11] あのあたりのやたら平坦な地形ににそ

伊勢山上（飯福田寺）

石大神

伊勢山上（飯福田寺）

んな理由が隠されていたのかもしれない。

3　松阪から鈴鹿へ

松阪の阿射加神社が特別な場所であることは間違いないのだが、そこからさらに西へと深く分け入ったところに伊勢山上（飯福田寺）がある。そこには修験の行場があって、大峰山を模した感じで、岩屋本堂、鐘掛、亀岩、蟻の戸渡り、達磨岩、獅子ヶ鼻などの難所が待ちかまえている。その困難さは大峰山系を凌ぐかというほどで、松阪市内からそう離れていない場所にこれほどの聖域があるとは地元の人もよく理解していないのではないか。

『飯福田寺文書』の「勢陽一志郡国峰山飯福田寺縁起」には次のように書かれている。「弘仁のころ鎮徳上人という僧が越中の白山で修行を重ねていた。あるとき上人が伊勢大神宮に参籠していたところ、熊野権現が慕い来て白鷺七羽と化した。そこで法霊によって伊勢国内を巡礼し、鷺の留まった所に社を建てたが、その一所がこの地である。以来、権現を白山妙理権現として、衆人の参拝するところとなった[★12]」。このけっこう困難な行場についてはこれまで二度ほど踏破したことがあるのだが、幾度か死ぬような思いをしたことをお伝えしておかなければならないしかし、このように伊勢山上（飯福田寺）、岩屋堂（尾鷲）、太郎坊権現（熊野）、大丹倉《おおにくら》と、伊勢から熊野を結ぶいわゆる「熊野古道伊勢路」に沿って南下すると、山側にずっと修験の行場が古道に寄り添うかたちで分布しているのがわかる。また、逆に北上すると鈴鹿山系にぶつかることになり、そこが伊勢（三重）と近江（滋賀）の分岐点となる。その鈴鹿の入道ヶ岳の裾あたりに椿大神社が鎮座している。この椿大神社もまたサルタヒコを祀った神社で、背後の山に点在する磐座（石大神の写真は163頁）まで含めると、スケールの大きさでは断然他を凌いでいるのがわかる。

正面の鳥居を入って参道を行くと、二の鳥居の左手前に御船磐座《みふねいわくら》がある。社伝によると、ニニギノミコトはかつて船でこちらに到着したとのこと。その磐座の近くに社殿が建てられ、現在の椿大神社になったというのだから、その起源はかなり古いに違いない。磐船といえば、まず河内の磐船《いわふね》神社が思い出されるが、椿大神社の磐船はとりわけ船のかたちをしているわけではなく、船のかたちに石で囲われており、その内側に四本の榊が立てられ、注連縄がかけられている。さらに舳先《へさき》に近いところに小さな磐座がいくつかあって、その中央にあるのがサルタヒコの磐座だと言われている。

さらに参道を進むと土公神《どこうじん》陵《りょう》があって、石碑の背後には小高い土盛りがされており、一説

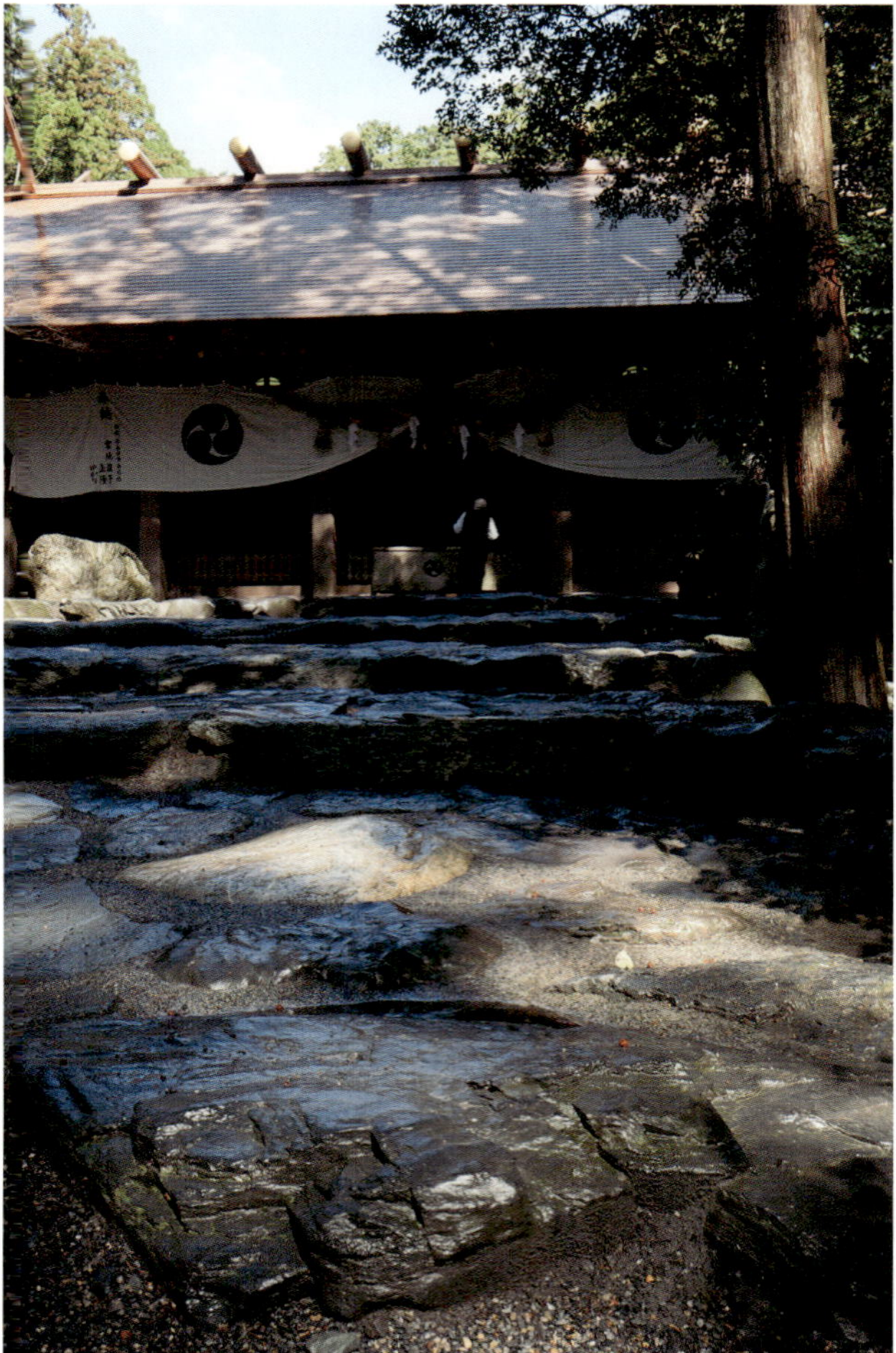

椿大神社

によるとサルタヒコの墓（前方後円墳）にあたるものだという。そちらはうっかりすると見逃してしまいそうになるので注意が必要だ。自然石でつくられた石畳や階段がみごとに全体と調和しており、やはりこちらが伊勢国一の宮というのにはそれなりの根拠があるようにも感じられる。

なぜこのようにサルタヒコと結びつく神社にすばらしいところが多いのかというと、おそらくそれらがその土地の地主神であり、産土神《うぶすながみ》であり、太古の昔より人々の信仰を集めていた神域だったからであろう。さらに、サルタヒコとアメノウズメの物語でもおわかりのとおり、それらのほとんどが海および河川と深くつながっていることには特に注意をはらう必要がある。

われわれはいよいよ長い旅を終えて、いったん東京に戻り、もう一度伊勢全体を振りかえってみたいと思うのだった。

注

1内宮の御垣内には他に屋乃波比伎神《やのはひきのかみ》が祀られている。

2西郷信綱『古事記の世界』岩波新書、一九六七年。

3同。

4白石昭臣「物部神社」谷川健一編『日本の神々―神社と聖地』第七巻、白水社、一九八五年。西郷信綱も

「平安朝の記録類によってうかがうに、宮廷の鎮魂祭では、巫女が宇気槽《ウケフネ》を踏んでその上に立ち、桙で以てその槽を十回突く、その間、女官が天子の御衣箱をふりうごかす、そして猿女もそこで歌舞したとある」と書いている（『古事記の世界』参照）。

5和久利康一『古代出雲と神楽』新泉社、一九九六年。神崎勝「サルタヒコの伝承について」鎌田東二編著『謎のサルタヒコ』創元社、一九九七年。

6猿田彦神社講本部編『神宮摂社末社巡拝』上巻一九三九年、下巻一九四三年。

7神崎勝、前掲「サルタヒコの伝承について」。

8神崎勝は、また「魚介に対するウズメの支配力は海の女神としての呪的能力と関係しており、守屋俊彦はその背景に、魚を思うままに集める海人族の呪儀と司霊者の存在を想定している」とも書いている。その守屋俊彦は「猿田毘古神は、この伊勢志摩地方の海人のいつき祭っていた神ではなかったかという気がする」とも書いている。守屋俊彦『記紀神話論考』雄山閣、一九七三年をも参照。

9皇學館大学編『伊勢志摩を歩く』皇學館大学出版部、一九八九年。

10穂積裕昌「アザカ山とサルタヒコ—伊勢の在地信仰の可能性」『伊勢神宮の考古学』雄山閣、二〇一三年。

11同。

12櫻井治男「白山比咩神社」前掲『日本の神々—神社と聖地』第六巻。

第六章　的矢湾クルーズ

1　谷川健一「志摩の磯部」

第一章の冒頭で、谷川健一が神話学者の筑紫申真に案内されて鳥羽から磯部にかけて歩いたときの話を引用して、伊雑宮《いざわのみや》と瀧原宮《たきはらのみや》は、伊勢神宮が周辺の大小の神社をとりまとめて別宮・摂社・末社・所管社として位置づけたという流れとは全く異なる素性を持っているのではないかと書いた。谷川健一自身も同じ感想を抱いたようで、再度の引用になるが、次のように記している。

熊野灘から海上を渡ってきた海人族は、地図を開いてみれば直ちにわかるように、まず的矢湾の奥ふかい磯部の地に根を下ろしただろうと思われる。とすれば、伊勢神宮の摂社と末社が磯部の南には見当たらないということは、伊勢神宮の勢力が南下して磯部の地に終わるとみるよりは、磯部を起点として北上したとみるほうが理に叶っていると私には考えられた。私が問題にしているのはもとより、伊勢神宮が国家神として祀られる以前の地方神の伝播についてである。★1

いまも伊勢志摩には海に関係の深い祭神を祀る神社が数多く分布している。いや、海に関係のない神社を探すほうがむしろ難しいのではないか。内宮もすぐ近くを流れる五十鈴川を通じて伊勢湾につながっているし、外宮も宮川を通じて上流では瀧原宮と、下流では伊勢湾と密接な関係にある。そもそも倭姫命の移動経路およびそれにまつわる伝承を調べてみるとわかるが、いずれも宮川、五十鈴川、櫛田川《くしだ》（祓川《はらい》）などの河川を遡ったり下ったりしつつ、現在の内宮に到達しているわけで、かつては川が主要経路、船が最大の移動手段であったことを再認識させられることになる。

いつの時代のことかわからないが、かつて海からこの地に入った磯部の民の移動経路も、

的矢湾

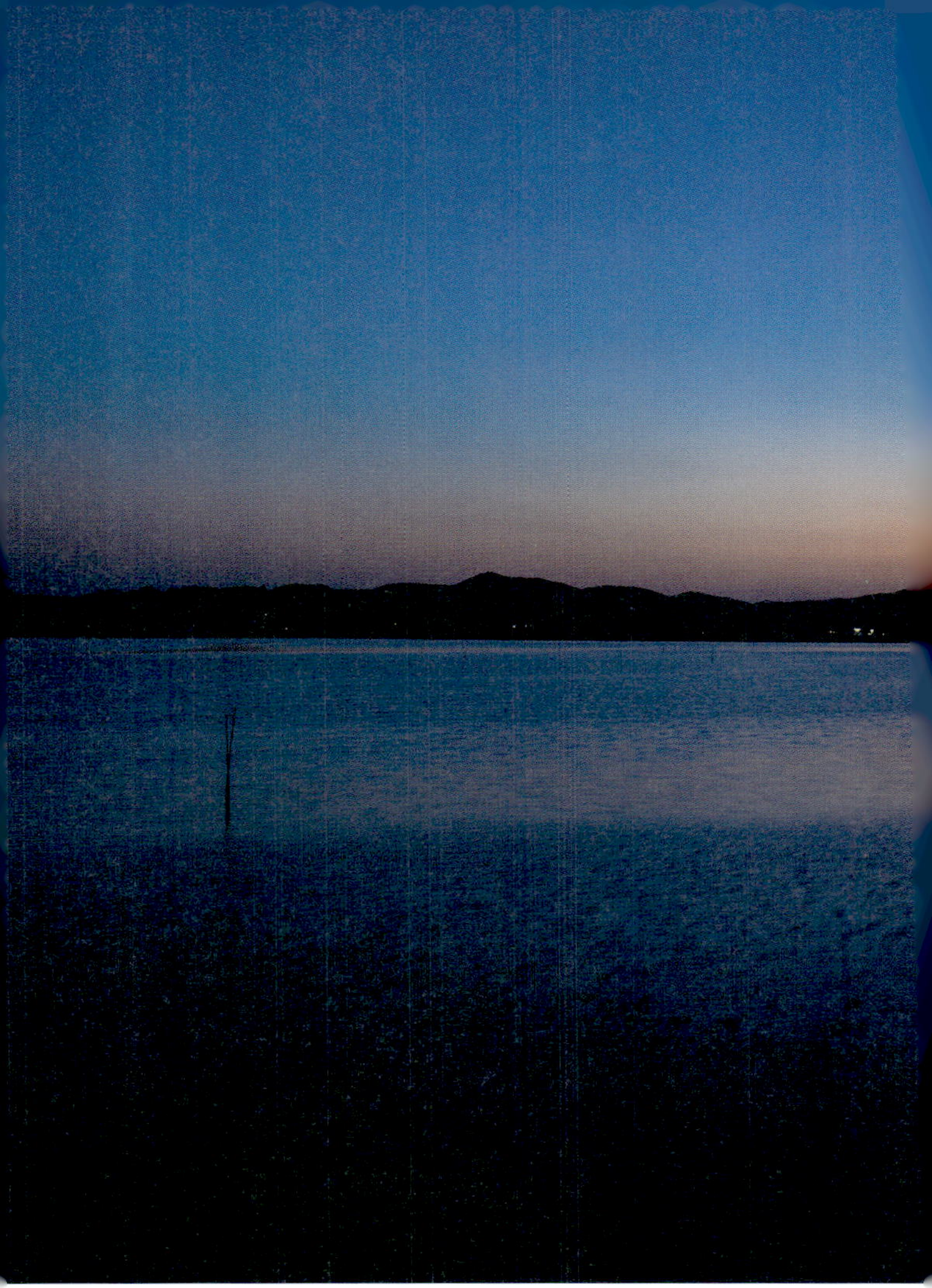

的矢湾

同じく的矢湾を経て北へ北へとつながっていったと想像される。彼らは的矢湾から入りこんでリアス式海岸の地形を縫うようにして、まずは飯浜あたりから上陸を始めたのではないか。当時、現在の伊雑宮あたりは広い湿地帯で、磯部川（上流部分は神路《かみじ》川）にそって北上する経路が開けており、そのあたりから北へと向かうルートを眺めていると、伊勢志摩の文化・信仰の始まりがうっすらと見えてくるような気がしてならない。そして、磯部の地を治めた度会《わたらい》氏らの豪族らはいつしか外宮の神域・高倉山近辺に根を下ろしていったのであろう。それが内宮の大内人であった宇治《うじ》土公《とこ》氏や外宮の禰宜《ねぎ》の度会氏らである。『続日本紀』和銅四年（七一一）三月六日条には、

櫛田川

磯部祖父《おおじ》・高志《こし》の二人が「度相神主《わたらいかんぬし》」という姓を賜ったとあり、丹波国造・海部直《あまべのあたい》・度会神主は「イソベ」という名で結ばれていることがわかる。そうした記憶が後の伊勢神宮にまつわる伝承に大きくかかわっていたと考えるのはごく自然なことであろう。

ちなみに、伊雑宮については次のような記載もある。「伊雑宮宮城（正殿の南西約六メートル）からは、六世紀初めごろの須恵器や土師器とともに、滑石製の板状勾玉《まがたま》と棒状土製品（所在不明）が出土しており、伊雑宮の祭祀にかかわる遺物と考えられる」。さらに、翡翠《ひすい》製の勾玉（全長二・五センチ、厚さ〇・九センチ）が伊雑宮の敷地内で採取されたとも言われているが、もしそうだとすると伊雑宮の創始が四世紀代に遡る可能性もある。★2 あまり確実なことだとはいえないだろうが、それなら伊勢神宮が現在の地に祀られるより三百年以上も前に伊雑宮はすでに神の社《やしろ》としての役割を担っていたことになる。

なにはともあれ、まずは人々がどのようにして的矢湾から入ろうとしたのか、その光景を自分の目で見て確認しなければならない。黒潮にのってやってきた海人族は日本列島に上陸するときには東側からまわりこんで、つまり太陽を背にして本土に入りこんだわけだが、その理由については記紀の神武《じんむ》天皇の熊野入りに関する記載などをいくら検討し直してもはっきりしたことは言えない。いずれにしても、かつて伊勢を訪れた人々の多くは的矢湾にその一歩を刻んだ可能性が高いということで、それがどのような光景だったかひとまず体感してみたいと思った。そのことを当時三重県立図書館にいた平野昌さんに相談すると、話はとんとん拍子に進んで、二〇一四年一一月、いよいよこれまで陸から見ていた的矢湾に船で入ることができるようになったのだった。

2　的矢湾クルーズ

東京から当日入りなので朝が早い。東京始発の新幹線に乗って、名古屋で乗り換え、午前八時半に津に到着する。その日はやや肌寒い一日だと思われたので、かなりの覚悟で準備してきたのだが、時間が経つにつれて過ごしやすい陽気になっていく。磯部町の三ヶ所漁協前に到着したのが午前一〇時半。ちょうど目の前に渡鹿野島《わたかのじま》が見えている。用意してもらった船が予想よりやや大型の船でびっくりするが、まずは渡鹿野島を右に見ながら、的矢湾の外海に向けて出発する。渡鹿野島はかつては風待ちの港として栄えたこともあったのだが、いまでは昔の勢いは失われてしまっている。どちらにしても、こちらからは、つまり渡鹿野島の北側からは、島の繁栄の様子などうかがい知ることはできない。

的矢湾地図

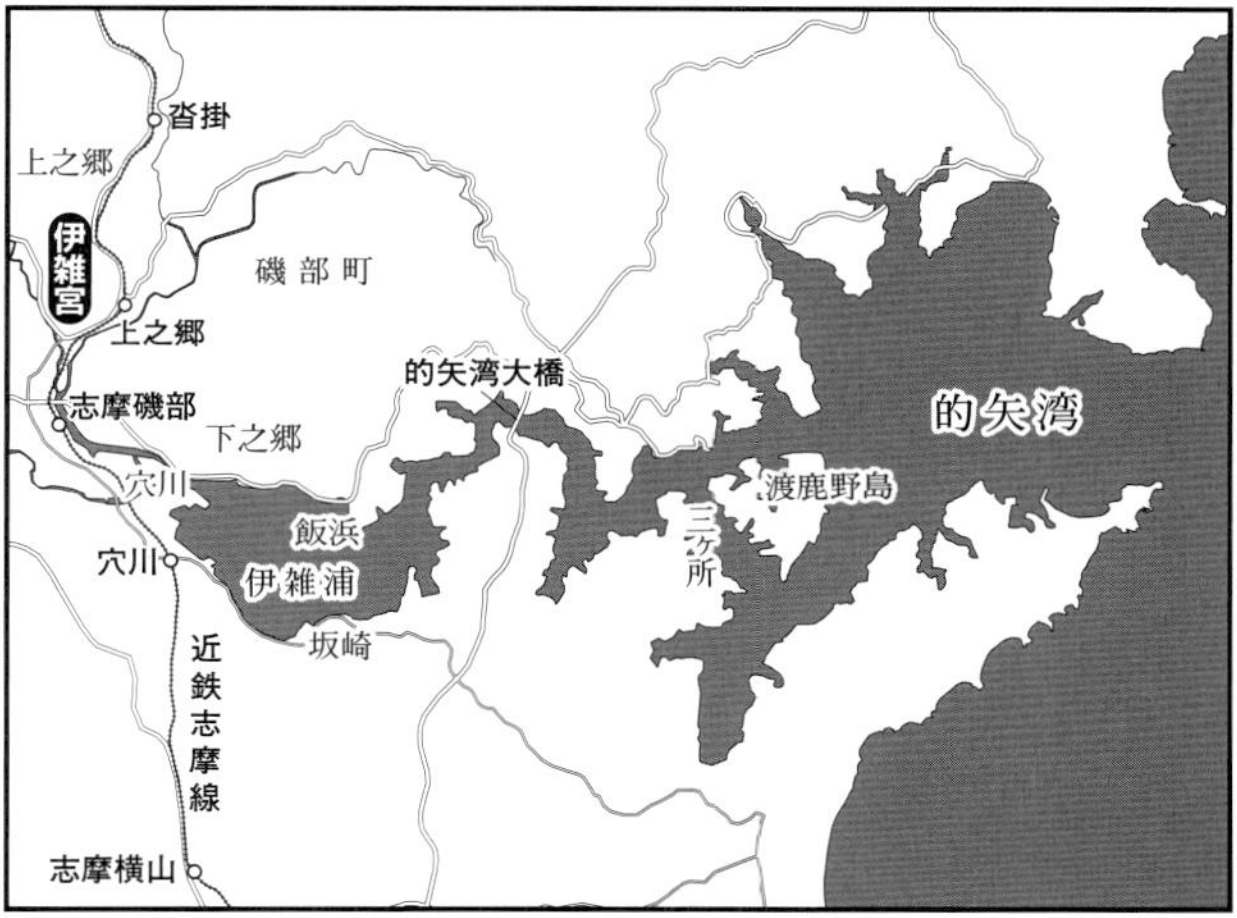

この季節にしては思ったほど寒くない。ダウンジャケットは不要だった。ただし、海風は強い。左に赤い灯台を見ながら進み、外洋に出るわずか手前でUターンして、いよいよ海から的矢湾に入るシーンを撮影することになる。海鳥がいっぱい飛んでいる。

最初の印象は、海から見た景色と陸から見た景色の違いで、陸を車で走っているときは、ガードレール、家並み、人、コンクリートの防波堤など、人工物ばかり眼に飛び込んでくるが、海からの景色はそれとは全く一変する。ほとんど自然の樹木や山肌しか眼に入ってこない。一面に広がる緑のなかにぽつんぽつんと家らしきものが散在するばかり。のどかな光景だった。もちろん、かつても同じだったとは限らない。たとえば、江戸時代の宝永四年（一七〇七）には、大地震によって、的矢周辺の陸地が海没したとも伝えられている[★3]。

いくつかの古地図を見てみると、もともとの地形はいくらか異なっていたかもしれないが、それでも、やはりここの地形は特別で、低い平地が続くにもかかわらず、海との接点は岩石ばかりの岩場で、リアス式海岸で入り組んでいる。船をつないで上陸できるような場所は見つからない。そのまま蛇行するように的矢湾から伊雑浦《いぞうのうら》へと入りこんでいく。入り江の幅は狭い。しかも、両岸が岩場であることから、この船ではそう奥まで入れないかもしれない。しかし、かつては三河からの船が伊雑浦を遡って現在の志摩磯部駅付近まで入りこんでいたという記録もある。下之郷に海にかかわる地名が多いのは、そうしたこととも無関係ではあるまい。

『磯部町史』などの資料をひもとくと、磯部とは古来その地に居住する氏族の名前から来ているという。「伊勢」の語源という説もある。すでに『古事記』応神《おうじん》天皇の段に「此の御世、海部・山部・山守部・伊勢部を定め賜う」（傍点筆者）とあることから、かなり古くから認められた職能集団であったことは間違いない。つまり、当時、「海部とともに海洋民の一集団を伊勢部（磯部）という部民（特殊な技能を持った職能集団）に編成したことが知られる。海部は漁業を専業とし、西日本に多くみられるのに対し、磯部は半農半漁で、伊勢を中心に東日本に多くみられる」とも言われている。その箇所の記述をさらに引用すると、磯部という名は「県下では、櫛田川（古くは磯部川といわれた）流域以南から、この地域までの広い範囲に分布し、伊勢国の国名もこれに由来するともいわれる」★4。ちなみに、伊射波《いざわ》（伊雑）は「伊勢粟《いせあわ》」から来ているとされており、中川（荒木田）経雅《つねただ》は、安永四年（一七七五）に記した『大神宮儀式解《だいじんぐうぎしきげ》』で「伊勢粟なるを後に轉《うつ》りて伊佐波《いさは》といふなり」として、伊勢粟が伊射波（伊雑）になった経緯を述べ伝えている。★5

たしかに、磯部、伊蘇上《いそべ》、伊雑、伊射波、

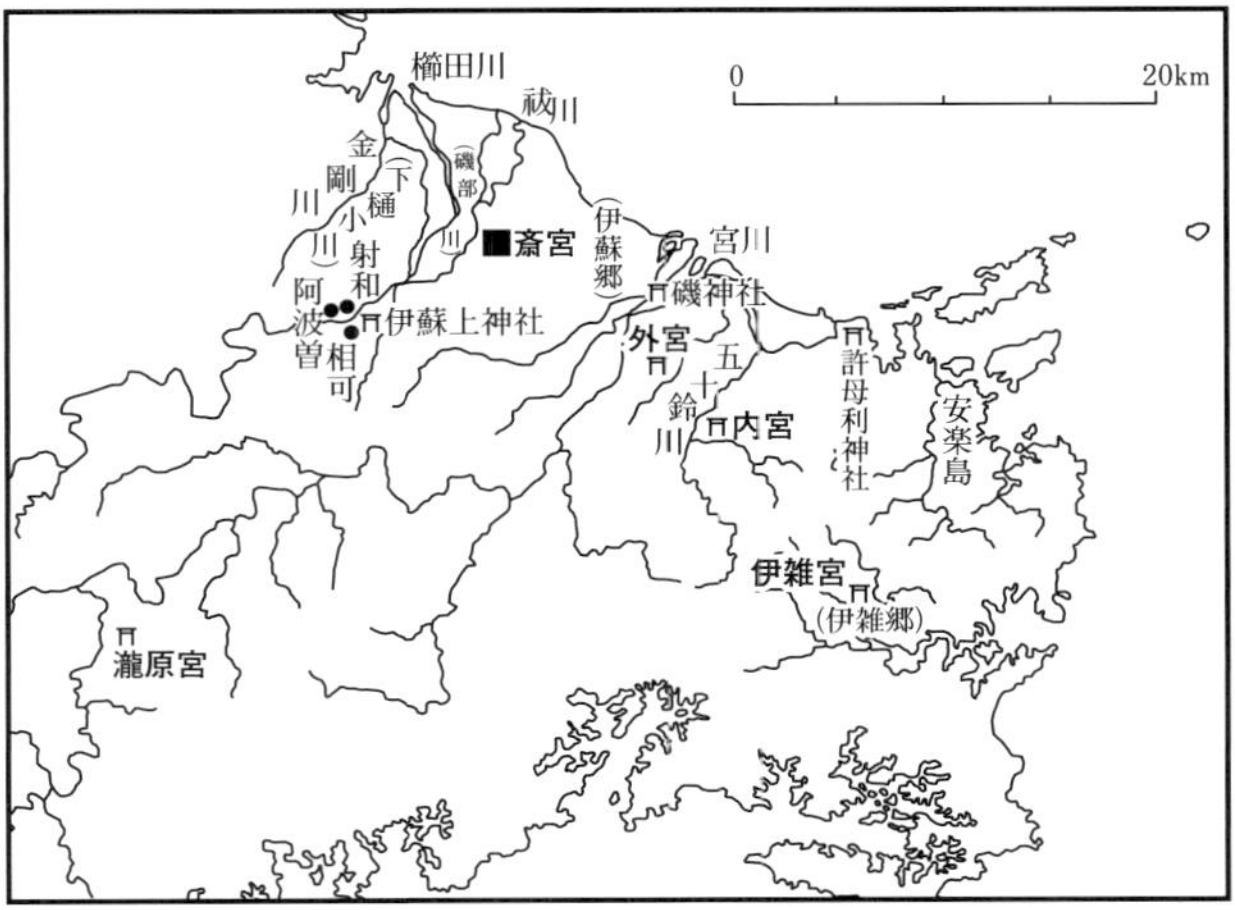

磯部関連地名　『磯部町史』上巻より作成

射和《いざわ》、伊佐和などの地名・神社名は伊勢志摩から松阪あたりにまで広く見られることになる。

　そのうちに伊雑浦への入り口付近に的矢湾大橋が見えてくる。海の底に黒い岩床が見えているところがあって、ここが七本ザメが休息をとる場所だという。この地では、旧暦六月二五日の磯部さん（伊雑宮）の祭りの日の翌日に神の使いである七本ザメが的矢湾から伊雑浦を遡り、伊雑宮まで上がってくるという言い伝えがある。出雲におけるセグロウミヘビの神事を連想させる。「磯部のむかしばなし」にも次のような記載が見える。「的矢湾大橋から三五〇メートルほど東方の海中に、『神ノ島（かみやしまさん）』（赤岩）と呼ばれる神聖な島があり、七本ザメが休息（ひとやすみ）するといわれています。付近を航行する船が、この島に櫓《ろ》でも櫂《かい》でもあたれば最期『命か眼』をとられるといわれ、たいへん恐れられています[★6]」。この七本ザメはそこからさらに遡って下之郷へと入っていくことになる。

　的矢湾大橋をくぐり抜けたあたりが一番入り江の幅が狭い。左に志摩スペイン村が見えてくるが、海から見るとなんとなくデッドテックのように見える。右手にようやく上陸できそうな場所に出る。小さな集落もある。そこが飯浜だ。ちょうど向かいが坂崎で、古い民俗行事が数多く残されていたというが、いまではほとんどなくなってしまったという。そこにも小さな集落のようなものが見える。そして、一気に視界が広がる。かつては的矢湾全体を伊雑浦と呼んでいたという記述もあるが、現在では的矢湾大橋のかかっているところを境にそう呼ばれている。

かなり入り江の幅は広くなるが、逆に船底がこすれるほど水深が浅くなるので、進むのは難しそうだった。それでここまでかと思っていたのだが、親切に協力してくれる人々がいて、飯浜で小さな船に乗り移ってその先を目指すことになる。その船を操ってくれる方は、第二章の「磯部神社旧宮地」のところで触れた「機織姫社《はたおりひめしゃ》」（あのブロック造りの祠《ほこら》だ）をつくったその人だという。なんという偶然。

彼にいろいろと説明してもらいながら、伊雑浦を奥まで進む。機織姫社もかつてはもうちょっと段の上の高いところにあったのだが、災害で流されてしまったので、とりあえず臨時に祠をつくったとのことだった。それでなくとも、安政の大地震（一八五四年）などでほとんどが海に沈んでしまったということもあり、地形は大きく変化してきており、いまと同じ視点でものを考えてはいけないと改めて思ったのだった。さらに、こちらの地形をよく眺めていると、長い歴史を通じて少しずつ変化してきたかのように見えるが、実際は、異常気象、たとえば、竜巻、洪水、台風、暴風雨、地震、津波などによって変化は一瞬にして起こったのかもしれな

日本寒暖700年周期曲線

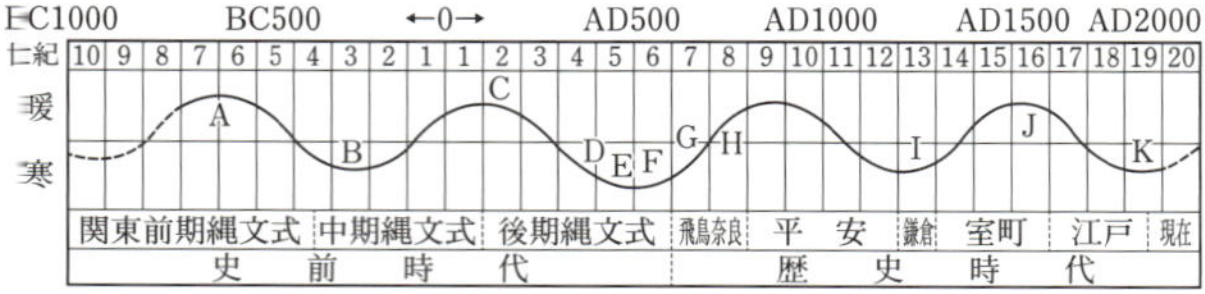

A 貝塚貝類（ハイガイ・イソシジミ） B 貝塚貝類（ウバガイ・エゾタマガイ・ナミデイ） C 貝塚貝類（ハイガイ・イソシジミ） D 貝塚貝類（ウバガイ・イタヤガイ・エゾタマガイ） E 遮光器土偶 F トチノキの実・葉 G 法隆寺年輪（大和） H サクラ早咲き（大和『万葉集』） I トチノキ（大和・奈良『太平記』） J 諏訪湖不凍（長野『当社神幸記』） K アシカ南下（『利根川図誌』）・大坂諸川凍結（『摂陽奇観』）

水野祐『古代社会と浦島伝説』下巻より作成

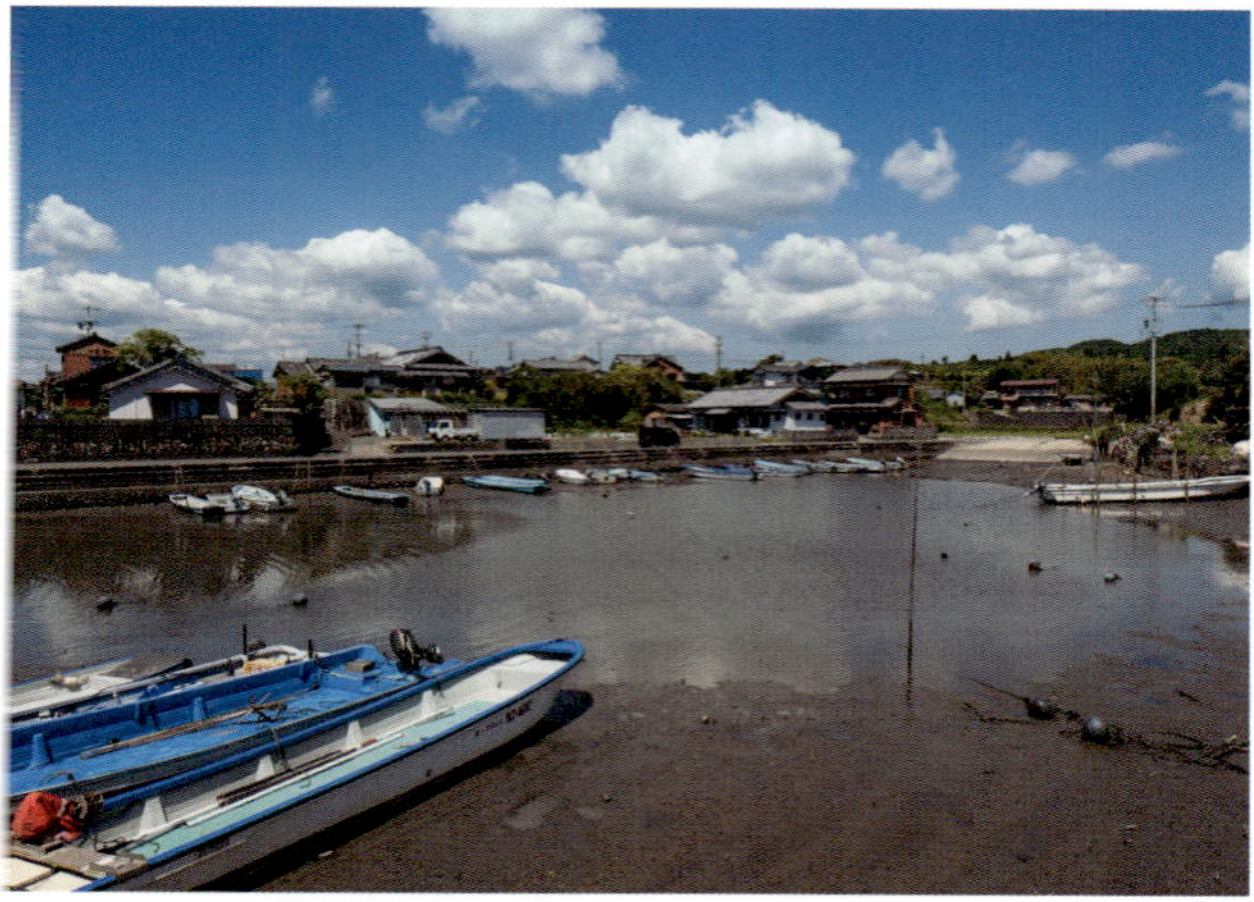

伊雑浦穴川近辺

い。歴史はそうした災害の繰り返しによって描き出されてきたのである。

伊雑浦を進むにつれてかなり景色は広く開けてくる。水辺にまで人家が迫ってくる。たちまち志摩磯部駅がある一帯に近づくも、そこから奥へはもう入れない。そのあたり一帯はかつては海の一部か泥地であったにちがいない。そこから川を遡ることになるのだが、現在の穴川《あながわ》の河口近くと、対岸に広がる田畑はほとんどが埋めたてだという。かつては右手の下之郷一帯はすでに海だったわけである。河口から右に野川、左に磯部川となり、その間に伊雑宮が鎮座していることになる。つまり伊雑宮は中洲のようなところに位置していたわけで、そのまますぐに海と繋《つな》がっていたことになる。

3　御贄《みにえ》

水野祐『古代社会と浦島伝説』に「伊勢神宮の原始は漁撈信仰である」と書かれているように、度会の人々の奉ずる神は海の神、水の神であったことは間違いない。伊勢が漁撈文化の地であったことは言うまでもないことだが、その名残りは内宮の奥深くにまで及んでいる。おそらくそのもともとのかたちは伊雑宮あたりにあったとも推定される。

これまで伊勢から志摩にかけてくまなく歩きまわってきたわけだが、なんといってもこの地を一言でいうとしたら「御食国《みけつくに》」ということになる。古来、志摩国は、若狭国、淡路国とならんで海の幸の豊かな国ということになっており、比較的畿内に近いということもあって、大和朝廷や伊勢神宮などに海産物を中心とした御贄を献上するように指定されていたのだった。志摩も、若狭も、淡路も、いずれも海人《あま》・海部が活躍していた地であって、そこで活躍した人々はいわゆる「倭人」の末裔と言ってもいいだろう。

たとえば、日本人の前身とされる倭人についてだが、七世紀くらいまで倭人といえば、ただ日本人を指すのみならず、朝鮮半島や江南に住む人々も含めた東アジアの海で活躍する人々を指していた。『後漢書』などの記述から、彼らが特別に漁撈技術にすぐれた集団であることも知られており、そのなかに後に日本列島を統一した人々が含まれていたのは言うまでもない。

倭人の出現は縄文後期にあたっているわけだが、では、縄文人は海洋民族だったのかというと、そう、答えはイエスなのである。その証拠に縄文時代の発掘によって、当時の人々が食べていたものの多くが漁撈採集によって得られた海の幸が中心であったことがわかっている。縄文人には決して木の実や獣を主要な食料にしてきたわけではなかったのである。森浩一編『倭人の登場』のなかに引用されている以下の記述をごらんになっていただきたい。

酒詰仲男の『日本縄文石器時代食料総説』（一九六一年、土曜会）によれば、日本各地の縄文遺跡から出土した貝は三五三種類、魚は七一種類、エビやカニなどの節足動物は八種類、ウニは三種類、カメなどの爬虫類は八種類、鳥は三五種類、哺乳類は七〇種類などと、すこぶる多い。この傾向は、八世紀を主とした出土木簡や、平安時代の『延喜式』の諸国の贄や調の内容にもうかがえるばかりか、その後も日本人の食生活の基層的嗜好としてつづいていて、現代の日本人の食文化にも脈々とうけつがれている。★7

つまり縄文人が日本列島近くの島々に進出した動機として、豊かな海の幸を求めてという点は見逃せないのではないか。縄文人は基本的に海の民なのである。この日本列島に定住するようになった民族はほとんど海の民、海人、磯部と呼ばれる人々で、そのことから古くから行われている宗教儀礼や祭祀の特徴もそれなりに読み解けることになる。折口信夫が『古事記』『日本書紀』のまわりには海の伝承が濃厚にまとわりついていると述べたのはそのことを指していたのだろうか。

そもそも神武天皇の母はタマヨリヒメで海神（綿津見大神《わたつみのおおかみ》）の娘であるし、祖母トヨタマヒメもまた海神の娘である。天皇家の血筋には海神の血が色濃く反映されている。それに、天照大神も東方に祀られる日の神であるとともに、海神としての性格をもっていたとされている。鮑、荒塩などが贄として供えられるという事実もあるし、伊勢神宮が鎮座されるとき、磯宮《いそのみや》と呼ばれたのもその名残りかもしれない。大江匡房《まさふさ》『江家次第《ごうけしだい》』（十二世紀）にあるように、なぜ伊勢の斎宮《さいくう》が任を解かれたときすぐに平安京に戻らず、わざわざ難波《なにわ》にやってきて禊《みそぎ》をしてから京に戻るのかというのも、おそらく神功皇后が住吉の神と関係あることからゆかりの地を訪ねて報告して帰るとも理解できよう。★8

古代においては、大和から伊賀《いが》を経て尾張に向かう道筋は開けていたけれど、そこから伊勢に入るようになったのは、かなりの後になってのことであったようだ。あくまでも伊勢志摩は豊かな漁獲量を誇る海遊都市として機能していたのではなかったか。

大和朝廷や伊勢神宮に供えられた御贄は先ほども述べたようにほぼ海産物ととらえていいと思われる。たとえば、『太神宮諸雑事記』延長五年（九二七）の条には、伊雑宮の神嘗祭に、志摩国司が備進すべき「御調種々御贄」が以下のように記されている。

幣帛一疋。干鯛五斤。荷前《のざき》身取鮑五斤。鰹魚五斤。干鱒五斤。塩五斤。滑海藻《あらめ》五斤。海松《みる》五斤。和布《にぎめ》五斤。雑鯌五斤。雑海藻五斤。膝付庸布五反。膳部信乃布二反[★9]。

伊勢志摩がいかに恵まれた地域だったかがこの記述からも読みとれる。最初の「幣帛一疋」と最後の「膝付庸布五反。膳部信乃布二反」は調だが、それ以外はすべて贄にあたる海産物と考えられる。当時の神に献上された食膳の様子を見てみると、ご馳走とは鮑や鯛などの海産物を指していたようである。伊勢神宮に献上された食膳の場合でも、やはりメインは海産物で、それは現在のわれわれの食事にまで綿々と受け継がれているように思われる。

4 御船代

こうして述べてきて改めて実感したことだが、当時の人々の交通はおおむね船によって結ばれており、大きな積み荷を運んだり、伐《き》りだした木材や石材を運んだり、遠方に出かけるには船が不可欠だったのである。それゆえに、さまざまな神事に船がフィーチャーされることも珍しいことではなかった。以前にも、櫛田川沿いにある多気郡の魚見神社（現在の松阪市）の社殿が以前は船のかたちだったと聞いて出かけたことがある。いまもその痕跡はどこかに残されているのではないかと思ったのだが、残念ながら現在の神社は荒涼とした空気のなかにあった。かつての式内社も時代を経て、水害など自然の脅威にさらされ、いまの姿になったかと思うと感慨深いものがある。さらに、宮川沿いに川原神社、園相《そない》神社、八柱神社と遡って調査したこともある。いまや宮川の近くを走る県道22号線にそって分布しているそれらの神社にも、その本殿が船の姿をとどめていたものがあったのではないかと思ったからである。

こんもりとした樹叢《じゅそう》が目印で、鳥の声も高く響きわたっているので、その場所はすぐにわかる。川原神社、園相神社は樹叢の内部へのアプローチがよく似ていて、暗いトンネルのような形状で、別世界への入り口のように見える。小さいながらも砂利の参道があって、その奥に見慣れた社殿がある。樹木に隠れて空がわずかしか見えない。どちらも車の通りの激しい道路脇にあるにもかかわらず、一歩なかに入ると別世界のようだった。ただし、規模でいうと園相神社のほうが川原神社よりもはるかに大きくて、砂利道の中央に杉が何本も生えて通行を邪魔している様子が瀧原宮の参道などを思い起こさせる。巨大なクモの巣に虫がとらえられているのが見える。そして、宮川とは逆の側にも小さな水の流れがあって、その音が小さく響きわたっている。

園相神社

もちろん、それらの神社がそういう位置関係にある以上、その名に「海」「川」「魚」の名がつくのにまったく違和感はないのだが、「船」という字がつくとなると、どうしても「御船《みふな》代《しろ》」についても触れないわけにはいかなくなる。言うまでもなく御船代とは伊勢神宮のご神体である八咫鏡《やたのかがみ》が収められている木製容器のことを指している。

それについて、松前健は以下のように述べている。「内宮の御神体の八咫鏡は、御樋代《みひしろ》という小箱に入れたうえで、いろいろな衣と裳《も》・比礼《ひれ》・帯・おすひ・履《くつ》・鏡・御衾《おふすま》・櫛笥《くしはこ》・枕などとともに『御船代』という大きな櫃《ひつ》のなかに納め、正殿（本殿）の神座の床の上に置かれていた」。★10 これだけでも御船代がいかなるものだったかは想像できるだろうが、さらに彼は「南北朝時代の『貞和御餝記《じょうわおかざりき》』にある御船代の形状は、古墳時代前期に盛行した舟形石棺に似ており、たとえば、その時期にこそ御船代とさらには神宮が成立したのではないかと推定する説もある」と結んでいる。舟形石棺（木棺）とは四世紀頃の古墳に見られた棺に特徴的なもので、これと御船代とのあいだには何らかの関係があるのではないかという議論も根強くある。

御船代については、江戸時代の安永四年（一七七五）に成立した中川経雅の『大神宮儀式解』に、「船代は、木を彫《え》りて船の形とす」とあるが、では、それと舟形石棺（木棺）との類似をどのように考えたらいいのだろうか。

『貞和御餝記《じょうわおかざりき》』所収の外宮御船代図

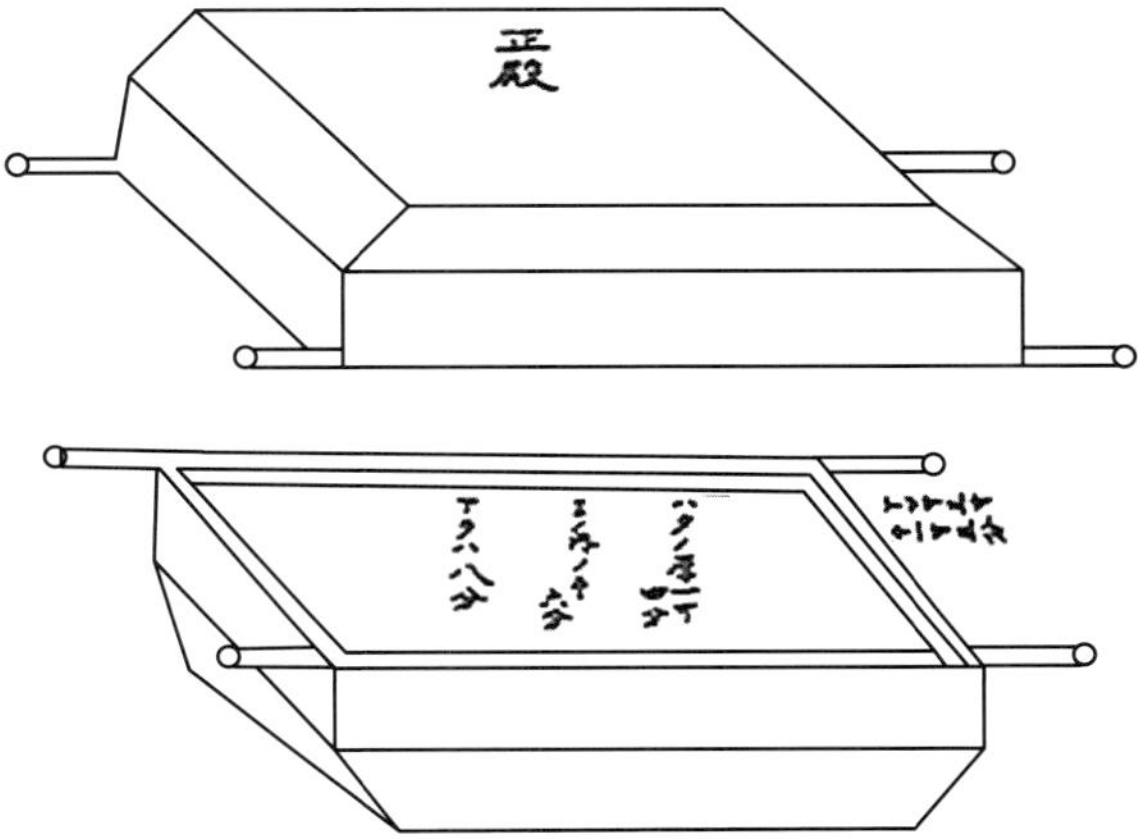

石上神宮御船代実測図

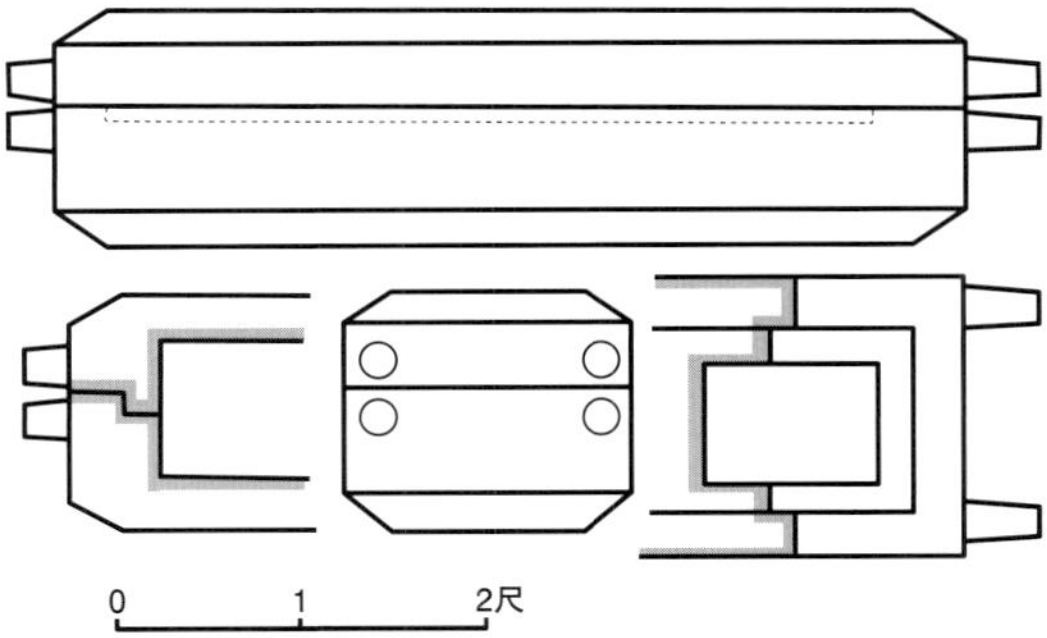

穂積裕昌『伊勢神宮の考古学』より作成

たとえば、川添登は、戦後に刊行された『群書類従』の解説書『群書解題』の神祇部を担当執筆した西田長男の「これによって、ほぼ豊受神宮正殿の御内陣の模様をうかがい得られるのは、すこぶる興趣を惹かれる。とくに御船代は、かの船型石棺に酷似するものがあって、遷宮の本義が奈辺に潜むかを想察せしめる」を引用して、以下のように書いている。

遷宮の本義が奈辺に潜んでいるかは、もはやいうまでもないと思うが、神鏡に象徴される天照大神は、遷宮祭にあたって、一度は亡くなって船型石棺に酷似する御船代におさめられ、いわば

舟形石棺（上・平面図、下・側面図）

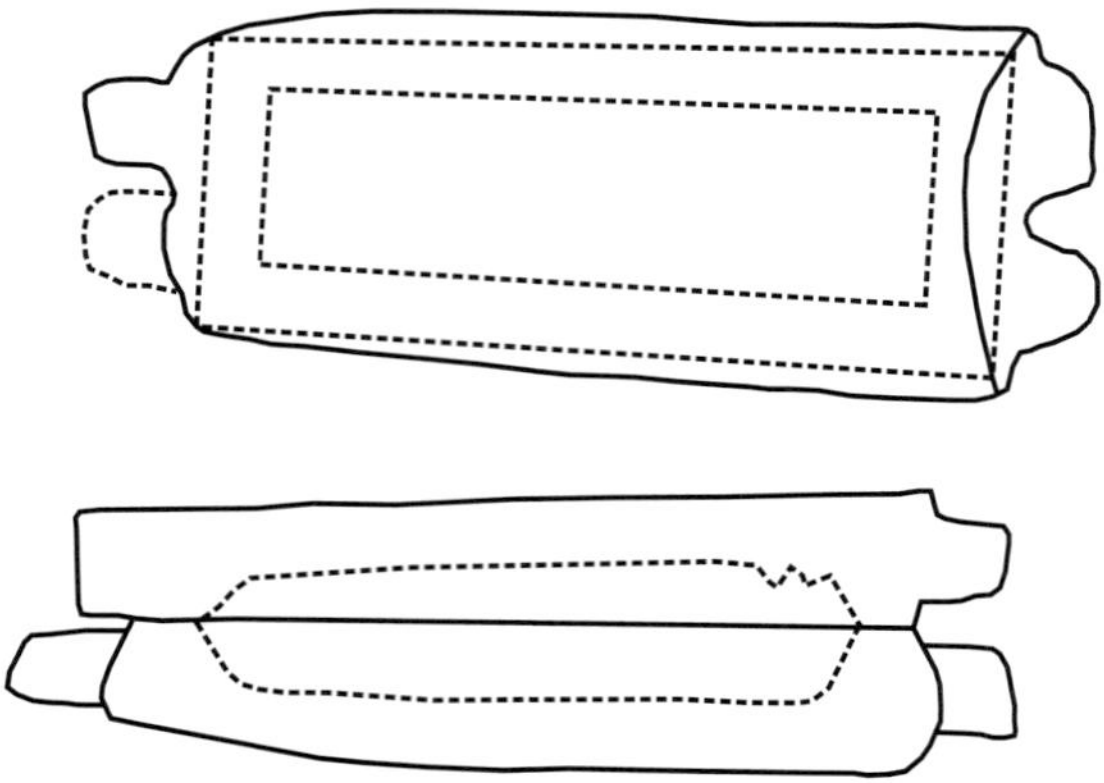

石川健一編『日本の神々―神社と聖地』第六巻より作成

架空の天を航行して新正殿へと運ばれ、そこで再びよみがえる、と考えられていたのである。[★11]

川添登の「船にのった太陽神」のイメージは松前健も提示しているところだが、しかし、御船代と舟形石棺との関係においてもっと注目すべきなのは、神がいったん死んでよみがえるというところにあるのではなく、また、船に乗せて人を葬る習俗があったとかいうことでもなく、どうしてどちらも「船」のかたちをとるのかということであろう。阿射加《あざか》神社でもどこでも舟形石には注連縄がかけられて祀られている。それは度会の人々の奉ずる神と海との深い親縁性を示唆している。

それについて穂積裕昌は以下のように述べている。

この「御船代」の船（フネ）とは「槽」（容器）のことであり（「槽」にも「フネ」の訓がある）、決して「船」形状であることだけからの呼び名ではないことである。従って、「御船代」の名称から直ちに「舟形石棺」との対比を行うことは適切ではない。舟形石棺や、同様に船形状を採る舟形木棺は、ともに葬送に従う死者に関わる器物であり、穢れ要素を嫌う祭祀、しかも最高の神格であるアマテラスに擬せられる神鏡を容れる容器が棺を模したとみるのも、いささか無理があるといわざるをえない。

とはいえ、木工技術的には古墳時代から古代にかけての木製容器のなかで、伊勢神宮の御樋代や御船代と同様の法量をもつ容器は、現時点では人間を納める木棺くらいしか類例がないのも確かである。（中略）御杣始祭《みそまはじめさい》や御船代祭は、御樋代や御船代の用材となる木材を伐り出す際に行われるマツリであり、そこで切り出される木材の大きさは人間の身長を遥かに超える大きさである。かかる意味では、御船代と舟形石棺との対比は、あながち荒唐無稽なこととはいえなかった。★12

いささか歯切れが悪いところもあるが、ご神体を入れる容器と死者を入れる容器（棺）がともによく似た形状をしていることに抵抗を感じるのはムリもないことである。しかし、ここでもう一度強調すべきなのは、瀧原宮に「御船倉《みふなぐら》」があるように、あくまでも、「船」のかたちそのものなのではないか。

倭姫命が歩みをとどめた地の多くには海（水）の記憶が濃厚に残されていると書いた。彼女はほとんど陸路をとっていないのにすでに述べたとおり。本書でも指摘したように、倭姫命は五十鈴川を遡ったわけだが、まずは御塩浜《みしおはま》から船で五十鈴川の入り江に到着した倭姫命は、佐見津日子命《さみつひこのみこと》に出迎えられ、そこに江神社（栄野神社）を定めた。その後、新旧の五十鈴川が交叉する地に位置する朝熊神社、鏡宮《かがみのみや》神社に至って、そこには神鏡が祀られることになり、さらに皇大神宮に至って瀧祭神が祀られることになる。そこからさらに遡ると鏡岩に至ることになる。

この倭姫命の一連の移動を五十鈴川系とするならば、宮川の急流を渡れずにいたところを助けてくれた真奈胡神《まなごのかみ》を祀った多岐原神社および瀧原宮への移動、および、近くの潮石なども含めた宮川系の伝承も数多く残されている。さらにはアマテラスの鎮座地を求めて

瀧原宮御船倉

旅する倭姫命が櫛を落としたことでその名がついたとされる櫛田川（祓川）に至る櫛田川系など、その移動はすべて水路によるもので、そうした地勢を考慮することなしに伊勢の信仰を語ることはできないだろう。

5　伊勢神宮よ永遠に

伊勢にはもともと古くから伊勢に神威を有する地方神の社があったのであって、いきなり天照大神が遷座されて建てられたのではないというのは言うまでもないことである。[★13]アマテラスにはもともと海の神としての性格が付与されていると思われるが、それは海人・海部・磯部の人々によって奉じられた神だったからではなかろうか。

先ほど、伊射波（伊雑）は「伊勢粟」から来ていると述べたが、千田稔《せんだみのる》はこの粟は太陽を指しているとも指摘している。

太陽のことを「アワ」と呼んでいた事例は、神島のゲーター祭からも分かります。そこではグミの木で大きな日輪をつくりますが、その日輪のことを「アワ」と呼んでいます。ですから太陽も「アワ」であると考えられます。[★14]

すなわち、『延喜式』に記載されている「粟嶋《あわしま》坐《にいます》伊射波《いさわ》神社」とは、ある意味では漁師たちにとっての太陽信仰の大元締めと言えるのではなかろうか。ここは磯部、海部の民が本来支配してきた土地で、その祀る神々も彼ら独自の神格であったにちがいない。海の民の祀る神とはもちろん太陽神である。そこから天照大神に至るまでの行程はもはや想像するしかないのだが、的矢湾から移動した人々の信仰がそのプロセスに大きくかかわっていたということはほぼ間違いないことであろう。

伊勢神宮は神に祈りをささげる場所としては比類のないスケールで考えられた聖域であって、おそらくその神聖な力は何千年も先まで届くに違いない。ただし、われわれはそれがいかにして成立したのか、その多難な歴史を忘れてはならないだろう。それを解き明かすことはむしろ伊勢神宮の多様性と深遠さとを再認識することになると確信している。伊勢神宮にとってまた新しい夜明けがやってくる。伊勢神宮よ、永遠に。

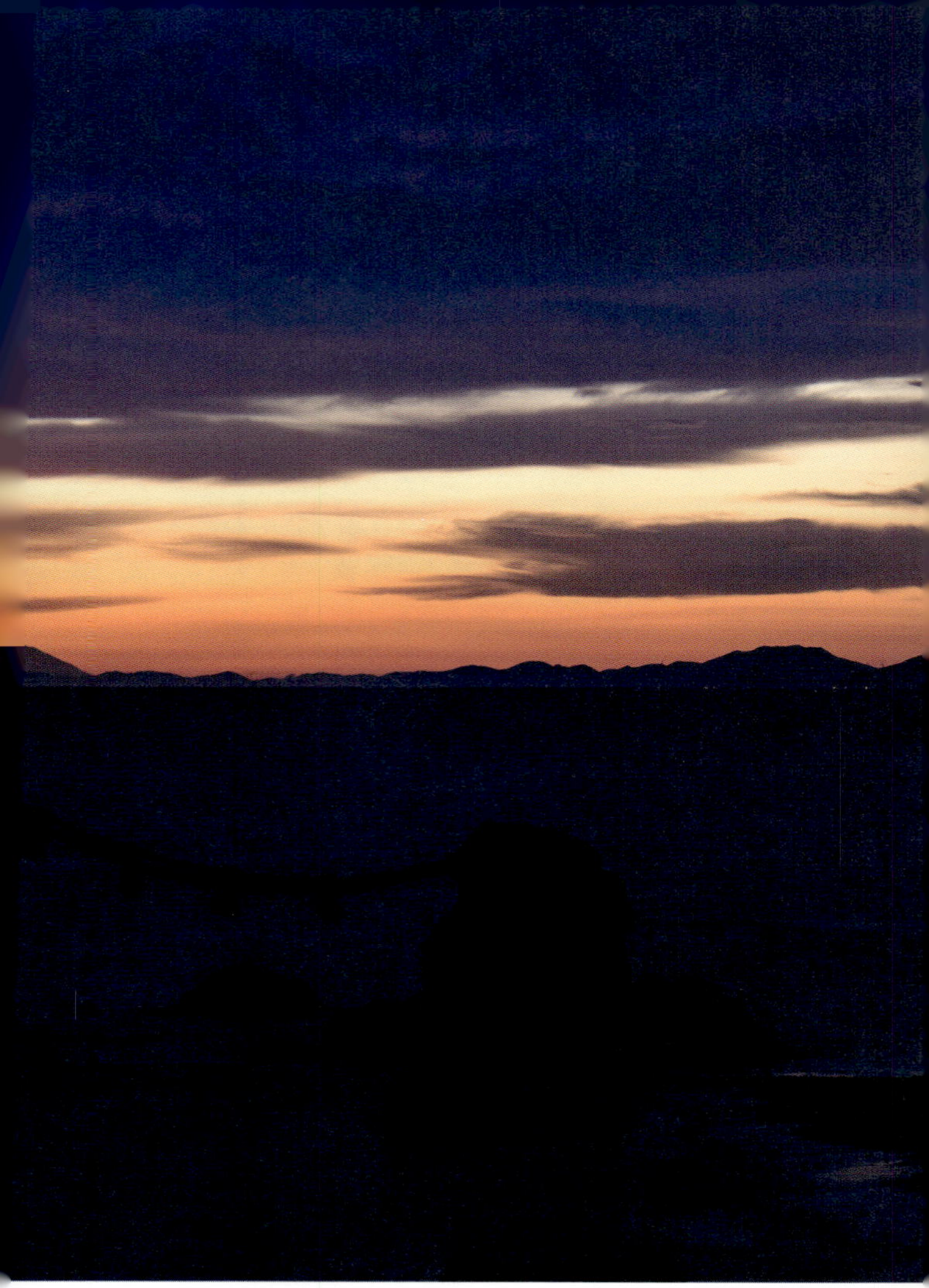

夫婦岩

注

1谷川健一「志摩の磯部」、前掲『古代史ノオト』。

2『磯部町史』上巻第二編「沿革」二三四―二三五頁、一九九七年。もちろんこれはいまだ確かな情報とは言えない。こうした事実は後になって明らかにされてくるだろうが、あくまでも現在の視点から歴史をスタティックにとらえるばかりではいけないということである。

3『磯部町史』上巻二二二頁。

4同、二四一頁。

5同、二四三頁。

6『磯部のむかしばなし』(磯部町教育委員会)。

7酒詰仲男『日本縄文石器時代食料総説』土曜会、一九六一年。森浩一編『倭人の登場』「日本の古代」第一巻、中央公論社、一九八五年。

8大江匡房『江家次第』についての記述は以下を参照のこと。千田稔「アマテラスをめぐって」、上山春平編『シンポジウム伊勢神宮』人文書院、一九九三年。

9『磯部町史』上巻二五六頁。

10松前健「皇大神宮・豊受大神宮」、前掲『日本の神々―神社と聖地』第六巻。

11川添登、前掲『木と水の建築　伊勢神宮』。

12穂積裕昌、前掲『伊勢神宮の考古学』。

13藤谷俊雄・直木孝次郎『伊勢神宮』三一書房、一九六〇年、新日本新書、一九九一年。

14千田稔、前掲「アマテラスをめぐって」。

特別対談

祭りの場としての伊勢神宮

【対談】植島啓司×櫻井治男（皇學館大学特別教授）

▼遷宮をめぐって

植島　内宮、外宮、たいへんな人が参拝して、ちょっと異常な事態になっていますね。

櫻井　えらい人でしょう。

植島　伊勢神宮が日本の固有のもので、何か昔から万古不易みたいな言い方に近いようなニュアンスで言われることがありますね。しかし、伊勢神宮そのものも大きな変化を受けてきたし、社殿の位置も変われば、いろいろなことが変わってきています。多くの人は遷宮という形式的な面をみて、「常若《とこわか》」とか言う人もいますが、そうではなくて、遷宮の一番中心的な意味はやはり神祭りだと思うのです。やはり神社は、お祭りが中心ですから、そういう原点から理解していくと、もう少しいろいろなことがわかるのではないかという気がします。

櫻井　ええ。何のためにやるのか、なぜなのかということは、人間の根源的な問いかけであり関心事ですね。それを、どこの場面を中心に理解していくかというところはあると思います。祭りは伊勢神宮の存在の根本義ですから、続けていらっしゃるというところがあるでしょう。

その祭りのかたちや、それがどういうふうに時代の中で行われているかということを見ることで、時代も解読できるかもしれません。

植島　ええ。でも、何かそういうような空気が、ちょっとない気がしています。

櫻井　神宮としては、興味本位に取り上げられたりするなかで、正しいことをできるだけ伝えたいという思いがあるのでしょう。一方では、一般社会の側からいまある祭りを楽しむにはどうしたらいいのかというところもあるんですね。

植島　そうですね。たとえば歴史的に内宮を囲む板塀がどんどん何重にも増えていきました。

櫻井　はい。

植島　あれは、お参りに来た人たちに対してあまり優しくないなと思うんですね。そこまでやる必要もないのではないか。昔の絵図を見ると、わりと皆が自由に入れました。

櫻井　ええ。『伊勢参宮名所図会』によれば中重《なかのえ》ぐらいまで入っていますね。

植島　はい、『伊勢参宮名所図会』では、内宮の正殿のすぐ近くに末社遥拝所ともいうべき一角があったりして、来た人みんな楽しめるようにいろいろつくってあることがわかります。あそこはいまは森にしてなくしてしまいましたよね。

櫻井　外宮と同様に内宮のほうもなくなっていますね。

植島　やはり江戸時代に神宮が民衆のものとなって、年間五百万人とか大変な人数の方が訪れるようになったのは、神宮そのものの権威というか神秘性みたいなものは失うことなく、でも来た人々が十分に楽しめるような工夫がなされていたからだと思います。御贄調舎《みにえちょうしゃ》の向こう側なんか、昔は河原に下りていくこともできたわけですし。

櫻井　そうでしたね。かつての僧尼拝所のことでしょうか。私は一九七三（昭和四八）年の遷宮の前にこちらに来ています。そのころからいくつか遷宮にかかわる儀式・行事はありました。時折、場合によっては学生さん見学に来てもいいよというふうな感じで、入れてもらったわけですね。

植島　そうですか。櫻井先生だからではないですか（笑）。

櫻井　いえ、私の印象ですが、一般の方々も、年中祭典で夜のお祭りに来られていたんですよ。そのころは比較的気軽に入れていたわけです。江戸時代、だいたい祭りのときは幕府が「神嘗祭につきみんな静粛に」というようなお触れを出しますから、町もお祭りの夜は物忌状態だったのです。一方では徐々に物忌をやらない生活になっていくわけですから、そういう神秘体験を近くで感じようというような物珍しさもあったかもしれません。そういうかたちで来られている。これが増えていったと聞きます。増えていきますと、私語をしたり、それから行列の前を無遠慮に渡ったり、写真を撮ったり……。それから中にはたいまつがあるでしょう。あのたいまつの燃えかすが落ちるんです。あれを、みんなが奪い合うんです。

植島　ええ（笑）。

櫻井　それを飾ったり、中にはとんでもないことに商業的発想をした人もいたと聞きます。そういうことは、常識的にもふさわしくないので、いまは持ち帰らないようにされているはずです。

植島　なるほど。

櫻井　だから祭りを静粛な中でやるためにはどうしたらよいかというせめぎ合いも、いまはあるかなと思います。そういう意味で、神宮さんの立場も弁明させていただかないといけません。ただ、一方でいまおっしゃったように、もう少し緩やかだったものが、時代とともに少しずつ厳格化されてきている場面もあるかなという印象は、個人的には持つことがありますね。

植島　明治以前のいろいろな記録を見ると、非常にゆったりとして、のどかで豊かでという印象もありますけど、でも、いまは規制のほうばかりが逆に目立っていますね。一般の人たちは規制しないとめちゃくちゃなことをするということもありますが。ですが、少し教条主義的な感じがするものですから、その辺に多少抵抗を感じるんですね。

▼儀式の中心

植島　御船代《みふなしろ》についてお聞きしたいのですが。

櫻井　今回の遷宮の一連の流れのなかで、確認してみましょうか。御神体の納められた御船代は、正殿《しょうでん》で祀られていますよね。新しい御本殿にも御船代はありまして、この新しい御本殿の御船代はすでに奉納されてあります。そこで御神体を移すのに、仮御樋代《みひしろ》・仮御船代が準備されており、川原大祓でこれらも祓われます。

植島　そうなんですか。

櫻井　新しい御船代に納めて遷御と思われるかもしれませんが、そういう形式にはなっていません。

植島　そうですか。古いのを持ってくるわけではない。でも新しいのを迎えに行くわけでもない。ずっとそういうやり方なんでしょうか。

櫻井　古儀でも新宮に御樋代・御船代が遷御前に調えられていますが、仮の容器を準備して移すというのは後世の行い方かもしれません。

植島　そんな感じがしますね。

櫻井　この御船代のための用材を伐採する、御船代祭はすでに、山口祭《やまぐちさい》が行われた年（平成一七年）の九月にありました。遷御の年の九月に御船代奉納式が行われます。

植島　イメージとして、この御船代を奉納するのと心御柱《しんのみはしら》を奉建するのと、どちらに比重があるのでしょう？

櫻井　両方に共通しているのは、どちらもかなりの秘儀であるという点ですね。

植島　そうですね。

櫻井　木についての取り扱いを見たときには、古代のように御船代の木は神宮の山ではなく、木曾から持ってきます。ですが、心御柱は境内のどこかの山で伐採されます。料材の伐採から加工、奉納という点では、いまに残っているかたちで言えば、御船代のほうがより重要度を持っているようにも見えます。

植島　心御柱よりもですか。

櫻井　はい。ただ、心御柱自体は建物の外にありますから、たとえば平安時代の記録には、牛が侵入して来たとあります。

植島　あはは（笑）。

櫻井　たとえば何か異変があったときには、心御柱に何かまずいことが起こってないかというような、そういう関連づけで捉えられていました。しかし、御船代に異常があったとかいうようなことは、あまり言われません。建物の中に常時納まっているからでしょう。ですから、逆に何かを示す意味では、心御柱のほうが重要とも言えますね。

植島　その御船代がこの手順でということになると、御船代が祀り込まれるよりも、心御柱が最初に奉建されるわけですよね。

櫻井　そうです。おっしゃるとおり、建物を建てる前に心御柱を奉建するというのが昔のスタイルです。

植島　やはり心御柱を立てなければ、まず建物全体が建てられないわけですから。まず最初の中心軸みたいなものがつくられるわけですね。榊が大事か、心御柱が大事かという議論はありますけれども、とにかくそこが神籬《ひもろぎ》と言いますか、神宮全体の中心だということですよね。

櫻井　ええ。祭儀の中心ですね。

植島　そうなると八咫鏡《やたのかがみ》というのは？　時代的に考えると、ご神体としては心御柱の持っている意味のほうがより古いのではないかという気がしますが。それがこの遷宮の行事で、どう取り扱われているのかがちょっと知りたかったんです。

櫻井　心御柱の前でやっていたお祭りは一八七二（明治四）年でなくなりました。最初に立てると工事もしにくいとか、合理的な考え方も出てきたかもしれません。工事のために、人が出入りしますから。聖なる柱という意識については、現代と、もう少し前と、もっと古い時代と、多少違ってきているのかもしれませんね。

植島　この順序からいくと、御船代が中心になっていますよね。その後で心御柱が奉建されるというと、順序としては昔と比べたら逆です。これは、やはり明治以降の改革なんでしょうか。

櫻井　ただ、近世以降、すでに心御柱の奉建は、新しい殿舎が完成した後、遷御に先立って行われるようになっています。

植島　そうですか。心御柱のところで行われていた床下の秘儀は、その明治四年にまだあったのですが、今はなくなりました。

櫻井　ええ。

植島　それは、この儀式全体の中で決定的なことになるのではないかと思うのですが、それをなくしてしまったというのはどういうことなのでしょうか。なぜ床の下に潜り込んで行っているかというと、実はそうではなくて、神籬を中心とした儀礼がもともとあって、後から社殿がつくられて、たまたま床下になってしまったと考えるほうが合理的だと思うのですが。

櫻井　そこのところは、ある意味では二つのシンボルがあるわけです。これを、どう段階的に捉えるのか。考え方としては、まず御船代が先で心御柱、同時、そして心御柱が先で御船代と、三つのパターンがあり得ます。そのどれかということは、その儀式の基本的発想を誰がやったのかという問題とかかわってくると思うのです。

植島　そうですね。

櫻井　ひょっとしたらですが、鏡を以てして祀るというかたちは大和からやってきた人たちのアイデアかもしれない。しかし、在地の人たちが、自分たちがやっていたものを第一にしたというような可能性もなきにしもあらずです。

植島　あり得ますね。今まで調べてきて、鏡をご神体とするというのは、やはり大陸の影響がまず考えられると思います。ですので、鏡をご神体にするというのは、それまでの伊勢全体で祀られていたかたちとは、少し異質なものが入ってきているというイメージがあります。

櫻井　あるいは、そうかもしれませんね。それまでの祭りの仕方というもののスタイルに、もうひとつ何か新たな要素というものが加わってくる。地元にあったものが発展した形ではなくて。

植島　ええ。そのあたりもいろいろ議論されていますね。たとえば朔旦冬至《さくたんとうじ》や太一《たいいつ》です。太一というのは北斗とか、旗とか、もともとは大陸のものです。朔旦冬至という考え方も大陸の考え方ですよね。大陸から取り入れられたものと、伊勢でもともと祀られた形式とが、時間軸でいうと非常に緩やかかもしれませんけれども、どこかで混ざり合っていったのではないでしょうか。大陸の影響というのが、もっといろいろなところに見られるという証拠を吉野裕子《よしのひろこ》さんらが出しています。遷御の儀の行列も『大唐開元礼《だいとうかいげんれい》』を思わせますね。

櫻井 皇后の鹵簿《ろぼ》のかたちというふうにですね。

植島 それは何か非常に合点がいくわけです。

櫻井 かたちは何か似ているという。しかし一方では、そっくりではないとか、否定的な意見もありますね。

植島 ええ。

櫻井 非常に整ったかたちで、前後に陣を立て、そしてああいう周りに側近のように威儀のものを持ってというかたちというのは、やはり外出時の行列ですかね。

植島 そうですね。遷御の儀の行列にも、だから大きな影響が残っているのかなという気がしたんです。上山春平《うえやましゅんぺい》さんもその点を指摘しています。大陸の影響がどれだけ大きかったことか、もう一度検証する必要があるかもしれません。

櫻井 しかし、建物のいわば外形的な部分で見ていくと、たしかに建物の構造体とか、それから材木の表向きのしつらえというのは、必ずしも中国のものをそのままは持ってきていません。けれども、一部高欄をつけるという発想、それから据玉《すえだま》を置くこと。しかもそれは古くからは色つきの据玉です。あれが大体五つの色だということになりますと、そこには五行的な考え方で、やはり当時としては最高の飾り方の、そして色のパターンというものを学んでいるのではないかと思われます。それが人類文化に普遍だったら別ですが、そこまでは明らかになっていませんから。

植島　そうですね。

櫻井　きらきらしたものを使っていくというのも、ひとつのやはり最前線の思考法というか、トレンドを取り入れている部分はあると思いますね。

植島　あの内宮の正面の妻飾りも、法隆寺金堂《こんどう》の妻飾りと様式が非常に似ているという指摘もあって、法隆寺金堂はだいたい七世紀の末ぐらいですから、そのぐらいのときでしょうか。

櫻井　第一回の遷宮と言われるときとだいたい同じ時期ですね。

植島　そうですね。だから、そういう時期に取り入れられているかなという感じもします。だから、それは神社の形式とはちょっと違う、もともと持っていたものではないかなと。

櫻井　そういうときに考えるのに、建物の構造云々じゃなくて、私はどう飾りつけるかという面にもう少し注意を払ってもいいだろうと思うのです。

植島　そのとおりですね。そういうところに一番古い大事なものは残ります。

櫻井　殿内の装束や飾り付けとか。

植島　ええ。そういうものは変わりにくいんです。

櫻井　なかなか変えにくい部分があるんでしょうね。

▼呪術的な力

植島　神宮には、もともと一番大事なものが二通りあったわけです。ひとつは規律正しく古儀に沿って行う行事です。もうひとつは、いい言葉が思い浮かばないですけれども、呪術的な力みたいなものです。これが本来は神社等を支えていたわけですが、後の時代になればなるほど、呪術的なものが放逐されて、古儀に沿って行われる行事ばかりが詳しく厳密にされていくことがあります。呪術的なという言葉は使いたくないのですが、たとえば心御柱にせよ、床下の秘儀にせよ、大物忌《おおものいみ》にせよ、これらは実質的なものととても密接にかかわっているのに、それが明治期にほとんどなくなりました。

この域内で行われているそういう神事もそうですが、神事をそのまま復元すると、そういう呪術的なものがよみがえってくるというのが本来です。そのせいか、それを抑制しようという感じがあって、それってちょっと逆じゃないかと思うのです。海外で調査しているときにも、エネルギッシュなある種の力みたいなものの信仰がやはり根底にあるわけで、ひっくり返ってしまうと、ちょっと無味乾燥なものに見えてしまいます。

櫻井　なるほど。そういう点で言えば、フォーマリティな部分というものが、ひとつの祭りというふうに見えますが、その背景にある、清濁わかりにくい、捉えどころのないような、マジカルな力のようなものが、ある意味で日本でいう宗教性なのかもしれませんね。

植島　そうですね。たしかに、伊勢神宮の儀礼を改めて見ると、やはりぞくっとするようなものがありますし、気持ちが神秘的なものに感応しますが、そういうものがもともとはすごく大事です。ですから、御贄調舎で行われる調理もたかが調理ではなく、食べ物に関する呪術的な行為なのです。他にも禊《みそぎ》にかかわるものとか、予言にかかわるようなものとか、そういったものは、お祭りを支えていた根底にあって、それは伊勢神宮でも変わらないと思っています。

櫻井　そうした呪術的な要素を、どういうふうに具体的なかたちとして表すかというところでは、ひょっとしたら建物の中にあるかもしれません。先ほど議論したような、ああいう色のついた三というものが据えられているのは、いまはひとつのかたちとしてあるけれど、あそここ込められた意識という問題から見れば単なる装飾品ではありません。

植島　お飾りでも、あそこから入ったときには、やはり何か呪術的な力みたいなものを扱う領域なので、別の場所では使えないとか。

櫻井　神主さん、神に一番近い人でなければ扱えないものだという意識は、やはりあったのではないでしょうか。それこそ、伊勢の神職が一番重要な役割を担う部分でもあると思います。

植島　そういうものがあってこその行事なんですね。

櫻井　なかなかそれがわかりにくくて、そうしたかたちが非常に出てくるのは、やはり大物忌というかたちに集約されてくるんですね。

植島　そうですね。「朝日新聞」は一面トップでよく載せましたね。

櫻井　中世神道の研究者には、大物忌の役割というものを呪術的な存在として捉えていくところがありますし、また中世の史料の中には、もう一度そういうものが改めて出てくる部分というのはあります。

植島　こういう無垢《むく》の少女のようなものを使うというのは、やはり呪術的な力の信仰が背景になければできないことなんです。そうでなければ一番長老の方がやればいいわけですから。

櫻井　そうですね。

植島　でも、長老の方にはそういう力はないんです。

櫻井　無垢の存在。やはり何か秘めた力というものを持っているんでしょうか。この物忌の童女がかかわってくる行事では、まず山口祭でしょう。また、鎮地祭《ちんちさい》、それから後鎮祭《ごちんさい》ですかね。鎮めるという行事のときには残っているわけです。

植島　そうですね。でも、いまは形骸化しているというふうに見えるんですけれども。

櫻井　そうですか。象徴化していると言ったらどうでしょう。

植島　昔は、内宮の扉をあけるのは彼女しかできなかったのに。一番神聖で危険なところは彼女が全部やっていたわけです。

櫻井　子供だからできたんでしょうね。ただ、大物忌というもの、子供がそういう役割を担うということ、その発生については、二つの方面から考えられるわけです。ひとつは、大人たち

1　3版　2013年（平成25年）10月1日　火曜日

遷御へ 感謝の儀式

式年遷宮が、新正殿に神体を移す「遷御の儀」など大詰めの行事を迎えつつある伊勢神宮（三重県伊勢市）で1日午前、内宮の新正殿の完成に感謝する「後鎮祭」と、新たに作り直した神宝などを目録と照らし合わせる儀式「御装束神宝読合」があった。

式年遷宮は30以上の祭事が8年がかりで営まれ、「造営祭」と「遷宮祭」に分けられる。後鎮祭は造営祭最後の儀式で、つがいの鶏などが供えられた後、高床下に鈴型の土器を据え置き、新正殿が堅固であるよう祈った。

後鎮祭には同県明和町立上御糸小学校3年の　　が、けがれのない童女として奉仕し、御装束神宝読合からは遷宮祭に入った。遷御の儀は内宮が2日、外宮が5日、ともに午後8時からある。

消費税

代表ら与党幹部に消費増税に踏み切る意向を正式に伝える。

与党内で異論が強かった復興特別法人税廃止方針について、自民、公明両党は30日夜の税制協議会で、「1年前倒しの廃止を検討し、12月中に結論を得る」として容認し、最後まで残った懸案が決着した。両党は首相の表明を踏まえ、1日午後、それぞれ政府方針を了

式年遷宮の後鎮祭で正殿に進む神職ら。＝三重県伊勢市の伊勢神宮内宮

朝日新聞（2013年10月1日夕刊）

がやってきた領域の事柄が、徐々に大人たちは世俗的なこともかかわるから、ある特定の部分だけを子供のほうに委ねていくという意味での大物忌の発生です。もうひとつは、もともと聖なる子供がやっていたけれど、できないので、やがて大人がかかわってくるという流れです。この二通りがあるかもしれない。これは、まだ結論は出にくいと思う。

植島　それは出にくいですね。でも、大物忌父《おおものいみのちち》という言い方をするからには、その後者のほうが近いような気はしますが。

櫻井　父と言う場合ですね。ひょっとしたらもともと大人がやっていたけど、ちょっと自分たちではまずいとなったときに、父と称して子供というようなものが生まれ出す……。

植島　というのもありますね。だから、こういうところに何か大事なことがかすかに残ったりするんですね。

櫻井　残ってくるんですね。おもしろいですね。

植島　本日はありがとうございました。

（二〇一三年十一月八日、皇學館大学にて）

おわりに

伊勢神宮を、人類学および民俗学調査の対象として、実際に歩き回ることによってさまざまな謎を解明したいというのは長年の夢でした。ただし、それに取りかかるまでには多くの先学の教えを頭に叩きこむ必要があります。伊勢神宮について書かれた本は無数にありますが、どれも同じようなことが書かれているばかりで、役に立つものはそんなに多くありません。

ここでは本書で参照させていただいたすばらしい業績をご紹介しておきたいと思います。

筑紫申真『アマテラスの誕生』角川新書、一九六二年。

谷川健一『古代史ノオト』『谷川健一著作集』第四巻所収、三一書房、一九八一年。

松前健「皇大神宮・豊受大神宮」谷川健一編『日本の神々―神社と聖地』第六巻、白水社、一九八六年。

櫻井勝之進『伊勢神宮』学生社、一九六九年、『伊勢神宮の祖型と展開』国書刊行会、一九九一年。

岡田精司『古代祭祀の史的研究』塙書房、一九九二年。

水野祐『古代社会と浦島伝説』雄山閣、一九七五年。

藤谷俊雄・直木孝次郎『伊勢神宮』新日本新書、一九九一年。

直木孝次郎『伊勢神宮と古代の神々』吉川弘文館、二〇〇九年。

吉野裕子『陰陽五行と童児祭祀』人文書院、一九八六年、『隠された神々』人文書院、一九九二年。

川添登『木と水の建築　伊勢神宮』筑摩書房、二〇一〇年。

江口冽『伊勢神宮の源流を探る』河出書房新社、二〇一二年。

千田稔『伊勢神宮―東アジアのアマテラス』中公新書、二〇〇五年。

上山春平編『シンポジウム伊勢神宮』人文書院、一九九三年。


これらの研究からは多くのことを教えられました。とりわけ、筑紫申真、谷川健一、松前健、櫻井勝之進ら諸氏の仕事にはここで深い感謝の念を捧げたいと思います。

本書が成立するまでには多くの人々の助けが必要でした。まずお名前を挙げるべきは、すばらしい写真を撮っていただいた松原豊さん、三重県立図書館（当時）の平野昌さん、皇學館大学でも教鞭をとる前田憲司さん、志摩市歴史民俗資料館の崎川由美子さん、磯部神社の山路太三宮司です。さらには、本書にも対談を収録させていただいた皇學館大学の櫻井治男先生との対談は本当に楽しいものでした。おそらくぼくとは全く正反対のご意見をお持ちの箇所も多々あるのによく議論に耳を傾けていただきました。調査に同行していただいたみなさん、編集部の鯉沼広行さん、井上琢麻さんにもお礼の言葉をお伝えしたいと思います。みなさん本当にありがとうございます。

二〇一五年晩夏

植島啓司

本書は、集英社WEB文芸「レンザブロー」（二〇一三年一〇月〜二〇一五年二月）に連載されたものに、加筆・修正を行い、第一六章を新たに書き下ろしました。

植島啓司（うえしま けいじ）

一九四七年、東京都生まれ。宗教人類学者。京都造形芸術大学教授。東京大学卒業後、同大学院人文科学研究科博士課程修了。NYのニュースクール・フォーソーシャルリサーチ客員教授、関西大学教授を歴任し現職。著書に『聖地の想像力』『偶然のチカラ』『賭ける魂』、近著に『処女神』など。

松原 豊（まつばら ゆたか）

一九六七年、三重県生まれ。三重県津市在住。名古屋ビジュアルアーツ卒業後、撮影アシスタントなどを経て独立。二〇一三年の第六十二回「伊勢神宮式年遷宮」の記録撮影（御遷宮対策事務局）を担当した他、雑誌媒体や企業広報誌で三重県を中心に活動している。公益社団法人日本写真家協会会員。名古屋ビジュアルアーツ非常勤講師。

伊勢《いせ》神宮《じんぐう》とは何《なに》か **日本《にほん》の神《かみ》は海《うみ》からやってきた**

二〇一五年八月一七日 第一刷発行　集英社新書ヴィジュアル版〇三九V

著者……植島《うえしま》啓司《けいじ》　写真……松原《まつばら》豊《ゆたか》

発行者……加藤 潤

発行所……株式会社集英社

東京都千代田区一ツ橋二-五-一〇　郵便番号一〇一-八〇五〇

電話　〇三-三二三〇-六三九一（編集部）

〇三-三二三〇-六〇八〇（読者係）

〇三-三二三〇-六三九三（販売部）書店専用

装幀……伊藤明彦（アイ・デプト.）

印刷所……凸版印刷株式会社

製本所……加藤製本株式会社

定価はカバーに表示してあります。

 ISBN 978-4-08-720796-5 C0214 Printed in Japan

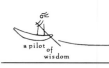